Disciplina

A Chave Mestra para o Sucesso

Paulo Ehms

MMXXIII

Para solicitações de permissão e feedback entre em contato :

pauloehms@hotmail.com

Sumário

Introdução

Disciplina - A Chave Mestra para o Sucesso

Em meio aos labirintos complexos da vida, onde os caminhos se entrelaçam e as escolhas parecem inúmeras, existe uma constante que transcende barreiras, molda destinos e eleva os indivíduos a patamares inimagináveis: a disciplina. Em um mundo repleto de desafios e oportunidades, a disciplina aparece como uma ferramenta acessível a todos, uma chave mestra que desbloqueia portas para conquistas extraordinárias.

Quando contemplamos a grandiosidade da disciplina, somos conduzidos a compreender que ela não é um privilégio reservado a alguns poucos, mas sim uma dádiva acessível a qualquer pessoa que esteja disposta a abraçá-la. Ela não requer um talento especial, um dom inato ou uma sorte excepcional. A disciplina é, na verdade, a expressão sublime do comprometimento pessoal, um compromisso consigo mesmo para alcançar metas e objetivos que, à primeira vista, podem parecer intransponíveis.

Ao incorporar a disciplina em nossa jornada, somos capacitados a transformar sonhos em realidade, a transformar o ordinário em extraordinário. Ela se torna a força propulsora que impulsiona nossos esforços em direção à excelência, permitindo-nos transcender os limites autoimpostos e alcançar feitos que pareciam inatingíveis. A disciplina é a bússola que nos guia por mares desconhecidos, orientando-nos na busca incessante por autodescoberta e crescimento pessoal.

Diferentemente de muitos recursos valiosos nesta vida, a disciplina não possui um custo tangível. Não está à venda em prateleiras, não pode ser comprada com riquezas materiais. É uma riqueza intangível, disponível para todos, independentemente de sua posição social, origem ou circunstâncias. Este é o tesouro que reside dentro de cada um de nós, esperando para ser desenterrado e utilizado em sua plenitude.

A disciplina, muitas vezes subestimada em sua simplicidade, revela-se como a linha tênue que separa o sucesso do fracasso. Ela não é uma imposição cruel, mas sim um presente valioso que nos permite desbravar terrenos desconhecidos e conquistar horizontes antes inexplorados. Ao abraçar a disciplina, descobrimos que ela mais do que um meio para um fim, é um estilo de vida, uma filosofia que permeia todas as áreas de nossas vidas.

É importante compreender que a disciplina não está relacionada apenas a atividades árduas ou rotinas monótonas. Ela é a estrutura que molda nossos dias, dando forma aos nossos propósitos. Seja na busca do conhecimento, na melhoria de habilidades, no alcance de metas profissionais ou na construção de relacionamentos significativos, a disciplina é o fio condutor que costura os diversos aspectos de nossa existência.

Ao mergulharmos nas águas profundas da disciplina, percebemos que ela não é um fardo pesado, mas sim um aliado confiável em nossa jornada. Ela nos capacita a superar os obstáculos que surgem em nosso caminho, transformando desafios em oportunidades de crescimento. A disciplina não é uma corrente que nos aprisiona, mas sim asas que nos possibilitam voar para alturas antes inimagináveis.

Neste livro, exploraremos as muitas facetas da disciplina e seu papel fundamental na construção de uma vida significativa. Descobriremos como a disciplina é uma companheira leal que nos ajuda a cada passo do caminho. Prepare-se para uma jornada de autotransformação e descubra como a disciplina pode ser a ferramenta mais poderosa à sua disposição, transformando o comum em extraordinário e tornando tudo possível.

Capítulo 1

Disciplina - O Alicerce Inabalável

Meus caros leitores, ao abrirmos as páginas deste livro, somos convidados a explorar as maravilhas da disciplina, a força silenciosa que molda destinos e esculpe o caminho para o sucesso duradouro. Antes de mergulharmos nas águas profundas desse tema fascinante, é imperativo começarmos nossa jornada pela clareza, compreendendo, em sua essência, o que significa ter disciplina.

A disciplina, meus amigos, não é um chicote que nos impulsiona adiante, mas sim a voz sutil que nos guia com firmeza na direção de nossos objetivos mais elevados. É a capacidade de manter o foco mesmo diante das tempestades da vida, uma qualidade que transcende os momentos de entusiasmo efêmero. Enquanto a motivação pode ser como um fogo que queima intensamente, a disciplina é a chama constante que arde mesmo nos dias mais sombrios.

Diferentemente da motivação, que muitas vezes é efêmera e dependente de circunstâncias externas, a disciplina é intrínseca, uma chama que queima de dentro para fora. Ela não espera por aplausos ou reconhecimento; ela simplesmente persiste, silenciosa e determinada. A motivação pode ser como uma tempestade passageira, empolgante e intensa, mas a disciplina é a calmaria que se mantém quando as nuvens se dissipam.

Imagine, se me permitem, a disciplina como o capitão de um navio em mares turbulentos. Enquanto a motivação é a energia do vento que empurra as velas em um dia ensolarado, é a disciplina que ancora o navio durante as tempestades, guiando-o com segurança para o porto desejado. Em meio às adversidades, é a disciplina que nos mantém no curso, mesmo quando os ventos da motivação parecem soprar em direções imprevisíveis.

Agora, por que, indagam alguns, a disciplina é tão crucial para o sucesso a longo prazo? A resposta reside na natureza fundamental da disciplina, que não é apenas uma ferramenta, mas sim o alicerce sólido sobre o qual erguemos as estruturas de nossas realizações. O sucesso duradouro não é construído sobre impulsos momentâneos, mas sim sobre a consistência e a determinação que a disciplina proporciona.

A motivação nos impulsiona para a ação, mas é a disciplina que sustenta essa ação ao longo do tempo. Se pensarmos na realização de objetivos como uma maratona, a motivação pode ser o impulso inicial que nos faz largar com velocidade, mas é a disciplina que nos permite manter um ritmo constante, superar obstáculos e cruzar a linha de chegada com êxito.

Ao compreendermos essa distinção crucial entre motivação e disciplina, abrimos as portas para um entendimento mais profundo de como podemos moldar nossas vidas de maneira significativa. Nos capítulos que se seguem, exploraremos as nuances da disciplina, desvendando seus segredos e desafiando-nos a incorporá-la em cada fibra de nosso ser. Preparem-se, meus amigos, para uma jornada de autodescoberta e crescimento, onde a disciplina se revelará como a ferramenta que transforma sonhos em realidade e torna possível o impossível.

O Sucesso Além das Aparências: Descobrindo a Verdadeira Riqueza

Meus prezados leitores, em meio ao turbilhão de conceitos que envolvem o sucesso, convido-os a uma reflexão profunda sobre a relatividade dessa jornada. Muitas vezes, o mundo nos apresenta uma visão distorcida, onde o sucesso é medido por cifras em contas bancárias ou pela magnitude das luzes que iluminam a ribalta. No entanto, é chegada a hora de desvendar a verdadeira essência do sucesso e compreender que sua grandiosidade não reside exclusivamente na ostentação de riquezas materiais ou na aclamação pública.

O sucesso, meus caros, não deve ser engaiolado por rótulos superficiais. Ele não é uma corrida desenfreada por acumulação de bens, nem um espetáculo teatral em busca de aplausos incessantes. A verdadeira medida do sucesso transcende o efêmero e encontra morada na conquista de objetivos significativos, na superação de desafios pessoais e na jornada íntima em direção à autotransformação.

É imperativo despir-se da ideia de que sucesso é sinônimo de riqueza ostensiva ou reconhecimento público. Pessoas extraordinariamente bem-sucedidas muitas vezes caminham por estradas menos pavimentadas, longe dos holofotes. Elas podem ter superado vícios que ameaçavam dominá-las, vencido batalhas contra doenças debilitantes ou alcançado metas de aprendizado que transformaram suas vidas de maneira fundamental.

A verdadeira beleza do sucesso está nas narrativas silenciosas, nos triunfos cotidianos que não são celebrados nos palcos mundanos. Imagine, se me permitem, aquele que vence um vício que o acorrentava, experimentando a liberdade há muito desejada. Isso, meus amigos, é sucesso. Visualize alguém que enfrenta uma doença com coragem e determinação, emergindo do desafio com força renovada. Essa, sem dúvida, é uma manifestação genuína de sucesso.

O sucesso também pode se manifestar no alcance de objetivos de aprendizado aparentemente modestos, mas de grande significado pessoal. Não subestimemos a grandiosidade de alguém que domina uma nova habilidade, completa um curso desafiador ou adquire conhecimento que amplia os horizontes de sua compreensão. Cada passo em direção ao autodesenvolvimento é uma vitória digna de celebração.

E agora, permitam-me apresentar a ferramenta mais acessível e eficaz para todas essas formas de sucesso: a disciplina. Enquanto o mundo frequentemente nos convida a perseguir uma visão distorcida do sucesso, é a disciplina que nos guia silenciosamente por caminhos menos percorridos, fortalecendo nossa resiliência diante dos desafios e moldando a trajetória para conquistas significativas.

A disciplina é a âncora que nos mantém firmes quando as marés da vida ameaçam nos desviar do curso. Ela é a chama constante que ilumina os caminhos obscuros, permitindo-nos persistir mesmo quando o aplauso do mundo parece distante. Ao incorporar a disciplina em nossas vidas, descobrimos que o verdadeiro sucesso é uma jornada interior, uma busca constante pela melhor versão de nós mesmos.

Portanto, meus amigos, desafiem-se a repensar o conceito de sucesso. Permitam que a disciplina seja sua guia nessa jornada, capacitando-os a alcançar vitórias que transcendem as expectativas convencionais. Lembrem-se sempre: o sucesso não se mede apenas em cifras ou seguidores, mas nas vidas transformadas, nos obstáculos superados e nas histórias de triunfo que ecoam silenciosas e poderosamente, através do tempo.

Capítulo 2

Os Frutos da Disciplina - Um Olhar Amplo sobre os Benefícios

Meus estimados leitores, agora que entendemos a disciplina como a ferramenta mestra em nosso arsenal, é chegada a hora de explorar os vastos horizontes dos benefícios que ela traz para as várias áreas de nossas vidas. A disciplina, essa guia silenciosa, nos orienta em direção aos nossos objetivos, e floresce em uma miríade de benefícios tangíveis e intangíveis, transformando cada faceta de nossa existência.

Carreira

No teatro complexo da vida profissional, a disciplina se revela como a musa inspiradora da excelência. Aqueles que incorporam a disciplina em suas rotinas de trabalho encontram-se à frente, destacando-se pela consistência, dedicação e pela habilidade de entregar resultados excepcionais. Ela não é apenas o alicerce do sucesso profissional, mas também a garantia de ascensão em uma trajetória de carreira recompensadora.

Relacionamentos

Nos delicados tecidos dos relacionamentos, a disciplina se transforma em um fio que une corações e almas. Ela nutre a paciência, promove a compreensão e fortalece os laços afetivos. Aqueles que aplicam a disciplina em seus relacionamentos encontram a estabilidade necessária para superar desafios, construindo fundações sólidas de confiança e respeito.

Saúde

A disciplina se ergue como a guardiã da saúde, uma aliada essencial na busca pelo bem-estar físico e mental. Na adoção de hábitos disciplinados, encontramos o caminho para a vitalidade, resistência e longevidade. Seja na prática regular de exercícios, na alimentação balanceada ou na gestão do estresse, a disciplina nos guia na busca por uma vida saudável.

Desenvolvimento Pessoal

A disciplina é a mola propulsora do desenvolvimento pessoal, impulsionando-nos na jornada de autodescoberta e crescimento contínuo. Ela nos desafia a expandir nossos limites, a adquirir novas habilidades e a transcender as barreiras autoimpostas. Ao incorporar a disciplina em nossa busca por autenticidade, desvendamos potenciais inexplorados e moldamos o eu que aspiramos ser.

Equilíbrio e Resiliência

Nos altos e baixos da vida, a disciplina mantém o equilíbrio e fortalece a resiliência. Ela nos permite enfrentar adversidades com uma mente calma e um coração resiliente, transformando desafios em oportunidades de crescimento. Aqueles que cultivam a disciplina encontram em suas vidas um equilíbrio que transcende as oscilações do destino.

Realização de Metas

A disciplina transforma sonhos em realidade. Ela nos guia na definição de metas claras e nos capacita a seguir um caminho consistente em direção a essas metas. Ao manter o foco e a determinação, alcançamos conquistas que vão além das expectativas, colhendo os frutos do esforço disciplinado.

Paz Interior e Contentamento

Nos recantos mais profundos da alma, a disciplina se traduz em paz interior e contentamento. Aqueles que vivem uma vida disciplinada experimentam uma sensação duradoura de satisfação, pois sabem que estão alinhados com seus valores e compromissos. Essa paz interior se torna a fonte de uma felicidade que transcende circunstâncias externas.

Em cada uma dessas áreas, a disciplina atua como um catalisador, transformando aspirações em realidade e desafios em oportunidades. Este é o grande presente da disciplina, uma dádiva acessível a todos que estão dispostos a incorporá-la em suas vidas. A seguir mergulharemos mais profundamente em cada um desses benefícios, explorando como a disciplina se torna a chave mestra para desbloquear as portas da excelência e realização em todas as áreas da vida. Preparem-se para uma jornada que transcende os limites do convencional, onde a disciplina se revelará como a bússola confiável que orienta cada passo na estrada da vida.

A Arte da Disciplina na Carreira: Um Caminho para a Excelência

Em meio aos bastidores do teatro complexo que é a vida profissional, a disciplina emerge como a musa inspiradora da excelência, transformando o palco cotidiano em um cenário onde os protagonistas são aqueles que ousam abraçar a consistência, dedicação e o comprometimento inabalável. Quando adentramos o universo da carreira, percebemos que a disciplina é a essência que molda destinos e se transforma na garantia de uma trajetória recompensadora.

Aqueles que têm a sagacidade de incorporar a disciplina em suas rotinas de trabalho são os protagonistas que assumem o centro do palco. Imagine um profissional que, diariamente, se compromete com a excelência, que estabelece metas claras e consistentemente trabalha em direção a elas. Esse indivíduo transcende as expectativas, transformando desafios em oportunidades de crescimento.

Na carreira, a disciplina se manifesta na consistência dos esforços. Quando um profissional mantém uma rotina disciplinada, ele não é afetado pelas marés variáveis da motivação passageira. Ele trabalha com diligência, independentemente dos obstáculos que surgem, e isso se traduz em resultados notáveis ao longo do tempo. Essa persistência é o que coloca um profissional em destaque, proporcionando uma base sólida para o sucesso.

Uma carreira recompensadora não é construída em alicerces frágeis, mas sim sobre alicerces sólidos de disciplina. Imagine um arquiteto que, a cada dia, investe tempo e esforço na aquisição de conhecimentos e habilidades relevantes para sua área. Esse comprometimento disciplinado o torna um especialista em sua profissão e abre portas para oportunidades que vão além do comum.

O efeito da disciplina na carreira é como a harmonia em uma sinfonia. Cada nota, consistente e bem executada, contribui para a melodia geral do sucesso profissional. A disciplina se manifesta na habilidade de cumprir prazos, na capacidade de manter relacionamentos profissionais sólidos e na busca incessante pela melhoria contínua. Quando um profissional incorpora esses elementos em seu dia a dia, ele se torna a personificação da excelência.

Pense em um líder que, por meio da disciplina, inspira sua equipe a atingir patamares mais elevados. Esse líder traça metas ambiciosas e demonstra, através de seu exemplo disciplinado, que cada desafio pode ser superado com determinação e esforço contínuo. Essa abordagem disciplinada cria um ambiente de trabalho positivo e produtivo, onde a ascensão na carreira é uma consequência natural.

A disciplina, na carreira, não se trata de uma simples realização de tarefas diárias, é uma mentalidade que permeia todas as atividades profissionais. Imagine um profissional que, ao enfrentar um revés ou desafio, não se deixa abalar, mas, em vez disso, encara cada obstáculo como uma oportunidade para aprender e crescer. Essa mentalidade disciplinada é o que transforma contratempos temporários em degraus para o sucesso duradouro.

Na carreira, a disciplina é a chave mestra para o avanço. Aqueles que incorporam essa qualidade navegam pelas águas turbulentas do mundo profissional com graciosidade e resiliência. Eles regem suas carreiras com maestria, transformando o comum em extraordinário e deixando uma marca indelével no palco dinâmico da vida profissional.

Assim, meus caros leitores, convido-os a considerar a disciplina como algo que vai muito além de uma simples ferramenta, mas como o elemento vital que transforma a carreira em uma obra-prima. Ao longo dos capítulos subsequentes, desvendaremos mais profundamente como a disciplina se torna o condutor para uma trajetória de sucesso profissional e realização duradoura. Preparem-se para uma jornada que transcende as expectativas convencionais, onde a disciplina se revelará como a força motriz que impulsiona cada um de nós em direção ao pináculo do sucesso profissional.

A Disciplina nos Relacionamentos: Construindo Laços Duradouros

Em meio aos delicados tecidos que compõem os relacionamentos, a disciplina se revela capaz de unir corações e almas de maneira harmoniosa. Aqueles que aplicam a disciplina em seus relacionamentos criam laços afetivos que transcendem desafios e perduram no tempo. Vamos explorar como a disciplina atua como um elemento vital na construção de relacionamentos duradouros, promovendo paciência, compreensão e o fortalecimento de confiança e respeito.

Imagine um casal que, ao longo dos anos, cultivou a disciplina em sua relação. Eles compartilham momentos de alegria, mas também enfrentam desafios com paciência e resiliência. Quando um parceiro erra, a disciplina entra em cena, permitindo que eles abordem as situações com empatia e compreensão. Esse casal não deixa que as tempestades desmoronem seus laços, mas, em vez disso, utiliza a disciplina para superar obstáculos, fortalecendo seu relacionamento a cada adversidade enfrentada.

Na construção de relacionamentos familiares sólidos, a disciplina é a cola que une os membros em uma unidade coesa. Pais disciplinados impõem regras, mas também exemplificam valores como a paciência, o respeito e a compreensão mútua. Esse ambiente disciplinado cria uma base segura para os filhos, promovendo o desenvolvimento de relações familiares saudáveis e duradouras.

Em amizades marcadas pela disciplina, vemos a força desses laços na superação de desafios e na celebração dos sucessos. Amigos disciplinados não abandonam a relação nas primeiras adversidades, mas, ao contrário, utilizam a disciplina para compreender as diferenças, resolver conflitos e fortalecer os vínculos. A estabilidade disciplinada nas amizades é como uma âncora que mantém a relação firme, mesmo em mares agitados.

No ambiente profissional, a disciplina nos relacionamentos é um catalisador para equipes de alto desempenho. Líderes disciplinados promovem uma cultura de respeito e colaboração, onde cada membro se sente valorizado e compreendido. A disciplina cria uma atmosfera propícia para o florescimento de relacionamentos profissionais saudáveis, essenciais para o sucesso de qualquer equipe.

O efeito da disciplina nos relacionamentos não está apenas na resolução de conflitos, mas também na prevenção de mal-entendidos. Imagine um casal que, ao aplicar a disciplina em sua comunicação, evita palavras impulsivas em momentos de tensão. Eles escolhem a paciência ao invés da impulsividade, promovendo um diálogo aberto e respeitoso. Essa disciplina na comunicação é como um escudo que protege a intimidade do casal.

A disciplina, quando incorporada nos relacionamentos, também se manifesta na capacidade de perdoar e seguir em frente. Um exemplo concreto disso é observado em casais que, diante de desafios, escolhem a disciplina do perdão em vez de alimentar ressentimentos. Essa habilidade de liberar o passado fortalece os laços, permitindo que o relacionamento prospere além das adversidades.

Ao construir relacionamentos disciplinados, criamos um ambiente propício para o florescimento mútuo. Amizades, laços familiares e relações profissionais que incorporam a disciplina são como jardins bem cuidados, onde as sementes do respeito, compreensão e confiança germinam e crescem. Esses relacionamentos disciplinados são apenas duradouros e verdadeiramente enriquecedores, proporcionando crescimento pessoal e coletivo.

Na jornada dos relacionamentos disciplinados, encontramos a chave para a estabilidade emocional e a construção de uma rede de apoio sólida. É a disciplina que nos capacita a enxergar além das pequenas frustrações do dia a dia, focando no crescimento conjunto e na preservação dos laços afetivos.

Assim, meus caros leitores, convido-os a explorar a disciplina não apenas como uma virtude pessoal, mas como um instrumento poderoso na construção de relacionamentos profundos e significativos uma ferramenta indispensável para forjar laços que perduram e enriquecem a jornada da vida.

A Disciplina como Guardiã da Saúde: Uma Jornada Rumo ao Bem-Estar

Nos trilhos da busca incessante pelo bem-estar físico e mental, a disciplina desponta como a guardiã fiel da saúde, apontando o caminho para a vitalidade, resistência e longevidade. Em uma era repleta de desafios à saúde, a adoção de hábitos disciplinados mais que uma escolha é uma necessidade imperativa. Vamos explorar como a disciplina nos guia na busca por uma vida saudável, destacando sua influência transformadora na prática regular de exercícios, na alimentação balanceada e na gestão eficaz do estresse.

Imagine um indivíduo que, com disciplina, integra a prática regular de exercícios em sua rotina diária. Esse compromisso não é esporádico, mas uma manifestação consistente de disciplina que se traduz em benefícios tangíveis. A disciplina na atividade física fortalece músculos e ossos e promove a saúde cardiovascular, melhora o humor e eleva os níveis de energia. Esse indivíduo disciplinado busca além de uma boa estética corporal, os frutos de uma saúde robusta e duradoura.

Na disciplina alimentar, encontramos o segundo pilar essencial para uma vida saudável. Um exemplo claro é observado em alguém que, com disciplina, adota uma alimentação balanceada, rica em nutrientes essenciais. Essa disciplina transcende a simples contagem de calorias; é uma abordagem consciente para fornecer ao corpo os elementos necessários para seu bom funcionamento. Essa pessoa disciplinada mantém um peso saudável, fortalece o seu sistema imunológico, promove a saúde digestiva e nutre cada célula do corpo.

A disciplina na gestão do estresse é um terceiro elemento vital para a saúde integral. Imagine alguém que, diante das pressões da vida moderna, adota práticas disciplinadas de redução de estresse, como a meditação regular. Essa disciplina não é uma fuga momentânea, pois se torna uma abordagem contínua para equilibrar as demandas da vida cotidiana. Esse indivíduo disciplinado experimenta uma mente mais calma e colhe benefícios como a redução da pressão arterial, melhor qualidade do sono e uma maior capacidade de enfrentar os desafios com serenidade.

Ao unir esses pilares da disciplina na prática de exercícios, alimentação balanceada e gestão do estresse, testemunhamos uma transformação completa na saúde. Imagine uma pessoa que, ao longo do tempo, incorpora esses hábitos disciplinados. Sua vitalidade é palpável, sua resistência é notável e sua longevidade é um reflexo direto de escolhas conscientes. Essa pessoa disciplinada vive mais, mas não apenas isso, ela vive com qualidade, desfrutando de uma saúde que é verdadeiramente uma riqueza inestimável.

A disciplina na saúde não é uma restrição árdua, mas sim uma liberdade consciente. Aqueles que adotam a disciplina como guia descobrem que ela os protege contra as doenças e também lhes concede a liberdade de explorar o potencial pleno de seus corpos e mentes. Essa liberdade disciplinada não é imposta por regras draconianas, mas sim cultivada por escolhas diárias que nutrem e fortalecem o ser como um todo.

A disciplina se torna a força motriz na jornada rumo ao bem-estar. É a disciplina que nos lembra diariamente que nossa saúde é um tesouro precioso, e cada escolha disciplinada é um investimento no nosso próprio futuro saudável. A disciplina se manifesta em cada aspecto da busca pela saúde, se tornando a aliada mais confiável nessa jornada vital, a guardiã que nos guia na trilha da saúde e bem-estar duradouro.

A Disciplina como Catalisador do Desenvolvimento Pessoal: Forjando o Eu Autêntico

Na busca pelo desenvolvimento pessoal, a disciplina se revela como a força propulsora que nos impulsiona na jornada de autodescoberta e crescimento contínuo. À medida que mergulhamos no autoconhecimento, a disciplina nos guia, desafiando-nos a expandir limites, adquirir novas habilidades e transcender as barreiras autoimpostas. Vamos explorar como a disciplina, ao ser incorporada em nossa busca pela autenticidade, desvenda potenciais inexplorados, moldando o eu que aspiramos ser.

Vamos Imaginar alguém que, com disciplina, se propõe a estabelecer metas claras em sua jornada de desenvolvimento pessoal. Essa pessoa não tem o crescimento como um simples sonho, ela disciplinadamente cria um plano de ação para alcançar suas aspirações. A disciplina aqui não é uma imposição rigorosa, mas sim um aliado que transforma desejos em metas tangíveis, desenhando um caminho claro para o desenvolvimento.

A disciplina no desenvolvimento pessoal se manifesta na busca constante por novas habilidades. Visualize alguém que, diante do desafio de adquirir conhecimentos, disciplinadamente se engaja em cursos, leituras e práticas que ampliam seu repertório. Essa pessoa disciplinada não se contenta com a estagnação; ao contrário, ela vê cada oportunidade de aprendizado como um degrau para o progresso pessoal.

Ao incorporar a disciplina em nossas vidas, somos desafiados a transcender as barreiras autoimpostas que muitas vezes limitam nosso potencial. Imagine alguém que, com disciplina, enfrenta medos, inseguranças e autocríticas, empurrando os limites do conforto em direção ao crescimento pessoal. Essa disciplina é como uma chave que destrava as portas da coragem interior, permitindo-nos explorar territórios desconhecidos do eu.

O desenvolvimento pessoal disciplinado também se manifesta na gestão eficiente do tempo. Quando alguém percebe a importância do tempo na jornada de crescimento, adota rotinas disciplinadas que equilibram trabalho, lazer e autorreflexão. Essa disciplina no gerenciamento do tempo aumenta a eficácia, e cria espaço para investir em áreas que impulsionam o desenvolvimento pessoal.

No processo de autodescoberta, a disciplina nos conduz na exploração de nossas paixões e propósitos. Considere alguém que, com disciplina, se dedica a atividades que verdadeiramente ressoam com sua essência, alinhando-se com seu propósito de vida. Essa pessoa disciplinada floresce, encontrando significado e satisfação nas escolhas alinhadas com sua verdadeira identidade.

O efeito da disciplina no desenvolvimento pessoal é especialmente evidente na persistência diante dos desafios. Se ao encontrar obstáculos, não desistimos, e ao em vez disso, disciplinadamente avaliamos, aprendemos e ajustamos o curso transformamos adversidades em oportunidades de crescimento, fortalecendo a jornada de desenvolvimento pessoal.

Ao integrar a disciplina na busca pela autenticidade, descobrimos que ela não é uma restrição, mas sim a chave que destrava as portas do verdadeiro eu. A disciplina nos capacita a moldar nosso caráter, a desenvolver virtudes e a cultivar uma mentalidade de crescimento contínuo. Essa jornada disciplinada não é somente uma escalada árdua, é também um florescer gradativo do ser interior.

A disciplina, na busca pelo desenvolvimento pessoal, é a ferramenta que nos lembra diariamente que somos esculpidos pelas escolhas que fazemos a cada momento para alcançar o eu autêntico que reside no âmago de nossas aspirações é o caminho para um desenvolvimento pessoal pleno e significativo.

A Disciplina como Bússola da Vida: Equilíbrio e Resiliência na Jornada Pessoal

Diante dos altos e baixos da vida, a disciplina não é apenas uma ferramenta; é um guia, permitindo-nos enfrentar adversidades com uma mente calma e um coração resiliente. Vamos explorar como a disciplina, ao ser cultivada, se torna a chave para encontrar equilíbrio e transformar desafios em oportunidades de crescimento, transcendendo as oscilações do destino.

Imagine alguém que, diante das incertezas da vida, incorpora a disciplina como um elemento central em sua jornada. Essa pessoa não é imune às turbulências, mas, com disciplina, desenvolve a habilidade de manter a calma mesmo nas tempestades. Essa serenidade disciplinada não é uma mera fachada; é a base sólida que sustenta o equilíbrio emocional diante das vicissitudes da vida.

A disciplina no equilíbrio se manifesta na habilidade de priorizar e gerenciar as diversas áreas da vida. Pense em alguém que, com disciplina, se entrega ao trabalho, sem abrir mão de reservar tempo para o lazer, o autocuidado e os relacionamentos. Essa pessoa disciplinada não é movida apenas pelo ímpeto das circunstâncias, mas sim por escolhas conscientes que preservam o equilíbrio entre os diferentes aspectos da vida. A disciplina traz isso.

Na busca pelo equilíbrio, a disciplina nos lembra da importância de manter limites saudáveis. Ao perceber os sinais de sobrecarga, disciplinadamente devemos estabelecer pausas necessárias, evitando a exaustão física e mental. Essa disciplina na gestão de limites não é sinal de fraqueza, mas sim de sabedoria, reconhecendo a necessidade de preservar a saúde e o bem-estar.

A disciplina, quando cultivada, também se traduz em resiliência diante das adversidades. Considere alguém que, ao enfrentar desafios, não sucumbe ao desespero, mas, em vez disso, disciplinadamente busca oportunidades de crescimento na adversidade. Essa resiliência disciplinada é como uma armadura que protege contra os impactos das tribulações, permitindo que a pessoa se erga novamente, fortalecida e renovada.

O equilíbrio disciplinado se torna evidente na habilidade de manter a perspectiva em meio às vicissitudes. Visualize alguém que, ao encarar uma crise, não se deixa dominar pelo desespero, mas, disciplinadamente, procura oportunidades de aprendizado e crescimento. Essa capacidade de encontrar significado nas situações desafiadoras é um testemunho do equilíbrio disciplinado que transcende as circunstâncias.

A disciplina, na construção do equilíbrio e resiliência, também se manifesta na capacidade de adaptar-se às mudanças. Alguém que, ao enfrentar reviravoltas inesperadas, não se apega rigidamente aos planos, mas, disciplinadamente, ajusta sua rota conforme necessário. Essa flexibilidade disciplinada é o que permite uma navegação suave nos mares imprevisíveis da vida.

Ao cultivar a disciplina, encontramos equilíbrio emocional, e uma maior consciência de nossas próprias necessidades e limitações. Pessoas disciplinadas não são movidas apenas pelo turbilhão de eventos, mas, em vez disso, regem suas vidas com harmonia, adaptando-se aos acontecimentos.

O efeito da disciplina no equilíbrio e resiliência é encontrar, um senso duradouro de equilíbrio que transcende as flutuações temporais, a disciplina se torna a guia pela harmonia na jornada da vida.

A Disciplina como Arquiteta de Conquistas: Realizando Metas com Determinação

A disciplina se destaca como a arquiteta habilidosa que transforma sonhos em realidade. Ela nos guia na definição de metas claras e nos capacita a seguir um caminho consistente em direção a essas metas. Ao manter o foco e a determinação, alcançamos conquistas que vão além das expectativas, colhendo os frutos do esforço disciplinado. A disciplina, quando incorporada na busca por metas, se torna a chave para desbloquear o potencial máximo e realizar aspirações que pareciam distantes.

Imagine alguém que, com disciplina, estabelece metas claras e tangíveis. Essa pessoa não vagueia pela vida sem rumo, mas, em vez disso, com determinação disciplinada, define objetivos que representam verdadeiros marcos de realização. A disciplina nesse estágio é um mapa estratégico para transformar sonhos em realidade.

A disciplina na realização de metas se manifesta na consistência das ações diárias. Alguém que, disciplinadamente, investe tempo e esforço em direção às metas estabelecidas, não é movida por impulsos momentâneos, mas sim pela rotina disciplinada que a aproxima cada vez mais do destino desejado. A disciplina aqui não é uma exigência árdua, mas sim um aliado confiável que torna o progresso diário uma segunda natureza.

Ao manter o foco disciplinado, somos capazes de superar as distrações que inevitavelmente surgem no caminho. Pense em alguém que, diante das tentações de atalhos ou procrastinação, permanece disciplinadamente comprometido com o plano estabelecido. Essa capacidade de resistir às distrações é a essência da disciplina na realização de metas, assegurando que cada passo dado seja um passo na direção certa.

Na disciplina, encontramos a energia que impulsiona a perseverança. Ao deparar-se com obstáculos inesperados, não desista, mas, em vez disso, disciplinadamente busque soluções e ajuste a abordagem. Essa resiliência disciplinada transforma contratempos em oportunidades de aprendizado e fortalece o compromisso com as metas estabelecidas.

O efeito da disciplina na realização de metas é como a construção de uma ponte sólida entre o ponto de partida e o ponto de chegada. Aqueles que incorporam a disciplina não apenas imaginam cruzar essa ponte, mas, disciplinadamente, colocam tijolo por tijolo, construindo uma fundação sólida que suporta o peso das ambições. O processo disciplinado não é um meio para um fim, é uma jornada de crescimento e transformação contínua.

Ao alcançar metas com disciplina, desenvolvemos uma confiança inabalável em nossa capacidade de moldar o próprio destino. Após atingirmos uma meta estabelecida, não repousamos na complacência, em vez disso, disciplinadamente redefinimos e ampliamos nossas aspirações. Isso nos permite uma mentalidade disciplinada e uma expansão constante dos horizontes pessoais, abrindo portas para novas realizações e conquistas.

Na realização de metas, a disciplina não é uma restrição, mas sim a chave que abre os portões do potencial inexplorado. Pessoas disciplinadas não veem metas como montanhas intransponíveis, mas sim como desafios emocionantes a serem conquistados, a disciplina se torna a aliada mais confiável na jornada de realizar metas, revelando os segredos de uma abordagem disciplinada para o sucesso duradouro, ela se torna a força motriz que transforma visões em realizações extraordinárias.

A Disciplina como Arquiteta da Serenidade: Alcançando Paz Interior e Contentamento

Nos labirintos mais íntimos da alma, a disciplina emerge como a mestra que constrói a serenidade e o contentamento. Aqueles que escolhem viver uma vida disciplinada experimentam uma sensação duradoura de satisfação, pois sabem que estão alinhados com seus valores e compromissos. Essa paz interior se torna a fonte de uma felicidade que transcende as circunstâncias externas. Vamos explorar como a disciplina, quando tecida nos tecidos da vida cotidiana, se torna a chave para alcançar a paz interior e o contentamento, proporcionando uma experiência plena e significativa.

Imagine alguém que, com disciplina, molda seus hábitos diários de acordo com seus valores fundamentais. Essa pessoa não é conduzida pelas marés inconstantes das circunstâncias, mas, em vez disso, disciplinadamente escolhe agir de maneira alinhada com aquilo que é verdadeiramente importante para ela.

Essa escolha disciplinada é o alicerce sobre o qual a paz interior é construída.

A disciplina na vida diária se manifesta na maneira como lidamos com as adversidades. Diante dos desafios inevitáveis da vida, mantemos a calma e a clareza de pensamento. Não nos deixamos levar pelas tempestades emocionais, mas, em vez disso, encontramos na disciplina a força para enfrentar os desafios com resiliência e sabedoria.

Ao cultivar a disciplina, somos capazes de evitar os extremos emocionais que muitas vezes roubam a paz interior, quando com disciplina praticamos a moderação, evitando excessos que poderiam perturbar o equilíbrio interno. Essa disciplina na autogestão emocional cria um estado de tranquilidade que permeia todas as áreas da vida.

A disciplina no relacionamento consigo mesmo também se traduz em uma prática consistente de autocuidado. Pense em alguém que, disciplinadamente, reserva tempo para atividades que nutrem o corpo, a mente e a alma. Essa pessoa disciplinada não vê o autocuidado como um luxo ocasional, mas sim como uma prioridade que contribui para a paz interior e o contentamento duradouro.

A consciência disciplinada do momento presente é uma chave crucial para alcançar a paz interior. Ao invés de se perder em preocupações sobre o futuro ou arrependimentos do passado, disciplinadamente se concentre no presente. Essa atenção plena disciplinada é uma fonte constante de contentamento, permitindo que desfrute plenamente de cada momento que a vida oferece.

A disciplina na gestão do tempo também desempenha um papel fundamental na construção da paz interior. Visualize alguém que, disciplinadamente, prioriza atividades significativas, evitando a sobrecarga de responsabilidades desnecessárias. Essa pessoa disciplinada não se encontra em uma corrida frenética contra o relógio, mas sim em um ritmo equilibrado que permite momentos de reflexão e descanso.

O efeito da disciplina na paz interior é evidente na capacidade de perdoar, tanto a si mesmo quanto aos outros. Aqueles que incorporam a disciplina em suas vidas não carregam o fardo do ressentimento, mas, em vez disso, disciplinadamente escolhem liberar o peso emocional, encontrando na aceitação uma fonte de paz interior e contentamento.

A verdadeira paz interior, aquela que transcende as vicissitudes da vida, é uma conquista daqueles que mantêm a disciplina, mesmo nas situações mais desafiadoras. O exemplo concreto reside na pessoa que, diante das tormentas da existência, permanece disciplinada em seus valores, cultivando uma paz interior que se torna um farol constante, orientando-a através das tempestades.

Capítulo 3

Desenvolvimento de Hábitos Disciplinares

O desenvolvimento de hábitos disciplinares é um passo crucial na jornada rumo ao sucesso e à realização pessoal. Neste capítulo, exploraremos estratégias práticas para cultivar e manter hábitos disciplinares, transformando a disciplina de uma aspiração distante em uma parte intrínseca da vida cotidiana. Vamos abordar a criação de rotinas, a definição de metas realistas e o estabelecimento de prioridades como componentes essenciais para o desenvolvimento sustentável da disciplina.

Criação de Rotinas Disciplinares

As rotinas são a espinha dorsal dos hábitos disciplinares. Elas proporcionam uma estrutura sólida que orienta as ações diárias de maneira consistente. Ao criar uma rotina disciplinar, é fundamental começar com passos pequenos e alcançáveis. Por exemplo, reserve um período específico do dia para atividades que são prioritárias para você, seja o exercício físico, a leitura ou a reflexão. À medida que a rotina se solidifica, é mais fácil incorporar novos hábitos disciplinares.

Definição de Metas Realistas

Metas realistas mantém os hábitos disciplinares em foco. Ao estabelecer metas alcançáveis, você cria um senso tangível de progresso e evita o desânimo. Divida metas grandes em pequenos marcos, tornando-as mais gerenciáveis e celebrando cada conquista, não importa quão pequena seja. Isso fortalece a motivação e cria um ciclo positivo que sustenta os hábitos disciplinares a longo prazo.

Estabelecimento de Prioridades

A disciplina exige a habilidade de identificar e focar nas prioridades. Ao estabelecer prioridades claras, você evita dispersar energia em tarefas menos significativas. Crie uma lista de tarefas diárias ou semanais, classificando-as de acordo com sua importância e urgência. A disciplina se manifesta na capacidade de direcionar esforços para as áreas mais cruciais, mantendo o alinhamento com objetivos de longo prazo.

Início Gradual e Consistência

O desenvolvimento de hábitos disciplinares não ocorre da noite para o dia. Inicie gradualmente, incorporando um hábito de cada vez para evitar sobrecarga. A consistência é a chave; mesmo pequenas ações diárias acumulam-se ao longo do tempo. Por exemplo, se deseja estabelecer o hábito de meditar, comece com apenas alguns minutos por dia e, conforme se torna mais natural, estenda gradualmente a prática.

Ajuste Consciente

A vida é dinâmica, e os hábitos disciplinares precisam ser flexíveis para se adaptarem às mudanças nas circunstâncias. Esteja disposto a ajustar sua rotina e metas conforme necessário, mas faça isso de maneira consciente. Evite mudanças impulsivas e, em vez disso, reflita sobre como os ajustes contribuirão para seus objetivos gerais.

Autoconhecimento e Aprendizado Contínuo

Entender a si mesmo é fundamental no desenvolvimento de hábitos disciplinares. Aprenda com suas experiências, identifique padrões comportamentais e ajuste seus métodos de acordo. Seja gentil consigo mesmo durante o processo, reconhecendo que a disciplina é uma jornada de aprendizado contínuo.

Busca por Apoio e Responsabilidade

Compartilhe seus objetivos com amigos, familiares ou colegas que possam oferecer apoio e responsabilidade. Ter alguém para compartilhar sucessos e desafios fortalece o comprometimento. Além disso, participar de grupos de apoio ou encontrar um mentor pode proporcionar orientação valiosa no desenvolvimento de hábitos disciplinares.

Desenvolver hábitos disciplinares é uma jornada pessoal, e cada indivíduo encontrará estratégias únicas que se adequam ao seu estilo de vida. Ao incorporar essas práticas em sua rotina diária, você estará construindo uma base sólida para a disciplina duradoura, transformando-a de uma aspiração em uma realidade palpável. Adiante, exploraremos como esses hábitos disciplinares se tornam a espinha dorsal do sucesso em diversas áreas da vida. Prepare-se para uma descoberta fascinante da força transformadora dos hábitos disciplinares em sua jornada pessoal.

A Arte das Rotinas Disciplinares: Construindo uma Vida de Consistência e Propósito

Em meio ao caos do cotidiano, as rotinas disciplinares emergem como a espinha dorsal que sustenta uma vida de consistência e propósito. Elas não são meramente uma série de ações repetitivas, mas sim a fundação sobre a qual construímos hábitos disciplinares duradouros. Vamos explorar a importância das rotinas disciplinares e ofereceremos exemplos concretos de como elas se transformam em guias confiáveis para uma vida disciplinada.

O Amanhecer Disciplinado: Imagine começar o dia com uma rotina disciplinada que estabelece o tom para as horas subsequentes. Ao invés de ceder ao impulso de rolar na cama após o despertador tocar, uma pessoa disciplinada cria o hábito de levantar-se imediatamente. Essa pequena ação inicial estabelece a base para uma manhã estruturada.

O Poder da Reflexão Matinal: A rotina disciplinar da reflexão matinal pode moldar o mindset para o restante do dia. Ao reservar alguns minutos para meditar, definir intenções ou revisar metas, a pessoa disciplinada cria um espaço mental propício para enfrentar desafios e oportunidades.

O Alinhamento com Prioridades: Uma rotina disciplinar irá direcionar energia para as atividades mais prioritárias. Por exemplo, ao reservar um período específico do dia para realizar tarefas importantes, como trabalho focado ou projetos pessoais, a pessoa disciplinada garante que está investindo tempo nas áreas que realmente importam.

Exercício como Ritual Diário: A prática regular de exercícios é um exemplo clássico de rotina disciplinar. Ao designar um horário específico para atividades físicas, seja uma corrida matinal ou uma sessão de academia à tarde, a pessoa disciplinada coloca a saúde no centro de suas prioridades diárias.

A Importância do Descanso Disciplinado: Assim como a atividade física, o descanso também encontra seu lugar em uma rotina disciplinar bem equilibrada. A pessoa disciplinada define horários regulares de sono, reconhecendo que o descanso adequado é crucial para o funcionamento eficaz nas demais áreas da vida.

A Rotina da Aprendizagem Contínua: A busca pelo conhecimento pode ser integrada à rotina diária de maneira disciplinada. Ao dedicar um tempo específico à leitura, aprendizado online ou reflexão sobre novas ideias, a pessoa disciplinada nutre constantemente a mente, cultivando um ambiente propício para o crescimento intelectual.

O Ritual da Gratidão à Noite: Uma rotina disciplinar que envolve a prática da gratidão antes de dormir pode transformar a perspectiva sobre a vida. Ao refletir sobre as experiências positivas do dia, a pessoa disciplinada cultiva uma mentalidade de apreciação, contribuindo para um sono mais tranquilo e um despertar mais otimista.

Incorporando Novos Hábitos Gradualmente: Ao criar uma rotina disciplinar, é fundamental começar com passos pequenos e alcançáveis. Por exemplo, se o objetivo é incluir a prática de atenção plena na rotina matinal, comece com alguns minutos e aumente gradualmente à medida que se torna mais natural.

Adaptação às Mudanças: A pessoa disciplinada compreende que as circunstâncias mudam, e a rotina deve ser adaptada conforme necessário. Se um compromisso ou prioridade muda, a rotina disciplinar é ajustada conscientemente para refletir essas mudanças, mantendo-se flexível, mas ainda estruturada.

Celebração das Conquistas Diárias: Uma rotina disciplinar não é simplesmente cumprir tarefas mas sim progredir em direção a metas. A pessoa disciplinada celebra as pequenas conquistas diárias, reconhecendo que cada passo na rotina é um passo em direção à disciplina duradoura.

Ao observar exemplos concretos dessas rotinas disciplinares, torna-se evidente que elas não são uma camisa de força, mas sim a moldura que dá forma à obra-prima da vida diária. Nos próximos capítulos, aprofundaremos nossa compreensão sobre como essas rotinas se convertem em alicerces sólidos para uma vida disciplinada e significativa. Prepare-se para uma exploração mais profunda da jornada rumo à disciplina que se desenrola em cada escolha diária, em cada amanhecer disciplinado.

Navegando Pelos Mares da Disciplina: A Magia das Metas Realistas

As metas realistas nos guiam por águas disciplinadas. Elas não são destinos distantes, mas sim a ancoragem dos nossos hábitos disciplinares, mantendo-os firmes no foco. Aqui, exploraremos a mágica das metas realistas, oferecendo exemplos concretos de como essas âncoras tangíveis podem impulsionar uma jornada disciplinada, criando um senso palpável de progresso e motivação.

A Arte da Definição Clara: Imagine uma pessoa disciplinada que, ao invés de vagar sem rumo, define metas claras e específicas. Em vez de um objetivo vago como "ficar mais saudável", ela opta por "caminhar por 30 minutos todos os dias". Essa clareza na definição da meta cria um ponto de referência sólido para orientar os esforços diários.

Transformando Grandes Sonhos em Pequenos Passos: As metas realistas são a arte de quebrar grandes sonhos em pequenos passos alcançáveis. Por exemplo, alguém que deseja escrever um livro disciplinadamente define a meta de escrever um número específico de palavras por dia. Isso transforma uma tarefa aparentemente monumental em passos manejáveis em direção à conquista.

A Magia dos Pequenos Marcos: Dividir metas em pequenos marcos tangíveis é como plantar sementes de realização diária. Em vez de focar apenas na publicação do livro, a pessoa disciplinada celebra cada capítulo concluído, cada revisão bem-feita. Esses pequenos marcos alimentam a motivação e mantêm a chama disciplinada viva.

Resistindo ao Desânimo com Conquistas Constantes: Ao atingir metas realistas, a pessoa disciplinada cria uma linha constante de conquistas. Suponhamos que alguém queira aprender um novo idioma; estabelecer a meta de aprender cinco novas palavras por dia constrói vocabulário gradualmente, e fornece conquistas constantes que resistem ao desânimo.

A Construção de Hábitos com Metas Diárias: Uma pessoa disciplinada não espera alcançar grandes feitos de uma vez. Ao invés disso, ela estabelece metas diárias que formam a base para a construção de hábitos duradouros. Se o objetivo é uma vida mais organizada, estabelecer a meta diária de organizar uma pequena área da casa, ou até mesmo uma simples gaveta, já contribui para a criação de um ambiente disciplinado.

Celebração de Pequenas Vitórias Diárias: As metas realistas criam um ciclo positivo de celebração. A pessoa disciplinada não subestima o poder de comemorar cada vitória, não importa quão pequena. Se a meta é economizar dinheiro, a celebração disciplinada ocorre ao atingir metas semanais ou mensais.

O Poder da Sustentabilidade: Metas realistas são sustentáveis a longo prazo. Em vez de definir metas extremamente desafiadoras que podem levar ao esgotamento, a pessoa disciplinada estabelece metas que podem ser mantidas ao longo do tempo. Isso evita o ciclo de motivação intensa seguida por desânimo.

Evitando a Armadilha da Perfeição: Uma armadilha comum ao estabelecer metas é a busca implacável pela perfeição. A pessoa disciplinada compreende que o progresso supera a perfeição. Se o objetivo é adotar uma dieta mais saudável, cada refeição equilibrada é uma vitória, mesmo que haja ocasionais indulgências.

O Efeito Cumulativo das Pequenas Ações Diárias: Metas realistas têm um efeito cumulativo poderoso. A pessoa disciplinada que estabelece a meta de ler 10 páginas por dia, ao fim do ano, terá lido inúmeros livros. Essa consistência disciplinada é como gotas d'água que, ao longo do tempo, esculpem rochas.

A Motivação como Fruto das Conquistas Diárias: Ao estabelecer metas realistas, a pessoa disciplinada colhe frutos de motivação constante. Cada meta alcançada é uma prova tangível de progresso, alimentando uma motivação que perdura nas marés altas e baixas da jornada disciplinada.

Seguindo estas diretrizes, de metas realistas elas se tornam direcionadoras e também inspiradoras, moldando a jornada disciplinada de maneira significativa e duradoura. As metas realistas transformam sonhos em realizações disciplinadas.

A Disciplina e o Estabelecimento de Prioridades

A disciplina guia nossos esforços na direção certa daquilo que buscamos. No cerne dessa disciplina reside a habilidade crucial de estabelecer prioridades. Neste tópico, exploraremos como o estabelecimento de prioridades, quando entrelaçado com a disciplina, orienta nossas escolhas diárias e molda o caminho para conquistas significativas e duradouras. Prepare-se para uma jornada pela arte de direcionar a energia para o que realmente importa.

O Mapa da Prioridade Diária: Imaginem um indivíduo disciplinado que inicia o dia criando um mapa de prioridades. Essa pessoa não se entrega à voragem do urgente, mas, em vez disso, avalia as tarefas diárias com uma visão clara. Prioridades são definidas, e a disciplina se manifesta na execução dessas tarefas com diligência.

Evitando a Armadilha do Urgente: A pessoa disciplinada compreende a diferença entre urgente e importante. Ao estabelecer prioridades, ela não cai na armadilha de se dedicar apenas ao que grita mais alto. Se uma tarefa importante, mas menos urgente, contribui para objetivos de longo prazo, ela merece atenção disciplinada.

A Classificação de Tarefas por Importância: Uma lista de tarefas disciplinada é mais do que uma enumeração; é uma hierarquia de importância. Uma pessoa disciplinada lista suas tarefas e as classifica de acordo com o impacto que terão em seus objetivos. Isso cria um roteiro claro para o investimento de energia.

A Quadrante de Eisenhower na Vida Diária: A disciplina frequentemente se alinha ao famoso quadrante de Eisenhower, que categoriza tarefas com base em importância e urgência. Um exemplo prático seria alocar tempo diário para tarefas importantes, mas não urgentes, como planejamento estratégico ou desenvolvimento pessoal.

O Poder do "Não" Disciplinado: Estabelecer prioridades significa, inevitavelmente, dizer "não" a tarefas menos cruciais. A pessoa disciplinada não se dispersa em compromissos que não contribuem para seus objetivos principais. Essa habilidade de dizer "não" é uma expressão poderosa da disciplina.

O Foco em Objetivos de Longo Prazo: Ao estabelecer prioridades, a disciplina se volta para os objetivos de longo prazo. Por exemplo, se a meta é avançar na carreira, priorizar tarefas que contribuam para o desenvolvimento profissional demonstra um comprometimento disciplinado com metas duradouras.

A Reserva de Tempo para a Autorreflexão: A pessoa disciplinada reserva um tempo regular para a autorreflexão na definição de prioridades. Isso permite ajustes conforme necessário e fortalece o entendimento de como as tarefas diárias contribuem para os objetivos maiores.

O Poder da Lista de Tarefas Disciplinada: Uma lista de tarefas disciplinada é um guia para ação. A pessoa disciplinada enumera as tarefas e as organiza em uma sequência lógica que reflete a prioridade e a interconexão entre elas.

A Identificação de Atividades de Alto Impacto: O estabelecimento de prioridades requer a identificação de atividades de alto impacto. A pessoa disciplinada identifica tarefas que, quando realizadas, têm o potencial de impulsionar significativamente seus objetivos, concentrando esforços nessas atividades-chave.

O Equilíbrio entre Urgência e Importância: Estabelecer prioridades é encontrar o delicado equilíbrio entre o urgente e o importante. Uma tarefa urgente, mas não importante para os objetivos, pode ser realizada com eficiência, mas não deve desviar a atenção do que é verdadeiramente crucial.

Reservando Tempo para o Inesperado: A pessoa disciplinada compreende que imprevistos podem ocorrer. Ao estabelecer prioridades, ela reserva um tempo tamponado para lidar com o inesperado, mantendo a disciplina mesmo em meio a mudanças não planejadas.

O Jogo Estratégico das Prioridades: Estabelecer prioridades é, em essência, um jogo estratégico. A pessoa disciplinada reage às demandas diárias e antecipa cenários, posicionando-se de maneira a otimizar o uso de sua energia e recursos.

A Contribuição Disciplinada para Objetivos Compartilhados: Se a pessoa disciplinada faz parte de uma equipe, ela contribui de maneira disciplinada para objetivos compartilhados. A definição de prioridades não é somente individual, mas também colaborativa, alinhando-se aos objetivos da equipe.

A Capacidade de Renunciar ao Perfeccionismo: O estabelecimento de prioridades requer a habilidade de renunciar ao perfeccionismo. A pessoa disciplinada compreende que, em alguns casos, a conclusão é mais importante do que a perfeição, especialmente quando se trata de tarefas menos impactantes.

A Disciplina na Revisão e Ajuste Constantes: Prioridades não são estáticas; elas evoluem com o tempo. A pessoa disciplinada revisita e ajusta suas prioridades constantemente, garantindo que estejam alinhadas com os objetivos em constante mudança.

O Efeito Cumulativo das Escolhas Disciplinares: Ao longo do tempo, as escolhas disciplinadas na definição de prioridades têm um efeito cumulativo poderoso. Cada decisão disciplinada contribui para a construção de um caminho sólido em direção aos objetivos.

O Alívio Disciplinado do Fardo Mental: Estabelecer prioridades é também um ato de alívio mental disciplinado. Ao ter clareza sobre o que é mais importante, a pessoa disciplinada reduz a carga mental associada à indecisão e ao excesso de compromissos.

A Prevenção Disciplinada do Burnout: Prioridades disciplinadas são uma barreira contra o burnout. Ao evitar a sobrecarga com tarefas menos importantes, a pessoa disciplinada preserva a energia para as atividades verdadeiramente cruciais, prevenindo a exaustão.

A Disciplina na Abordagem às Tarefas Desagradáveis: Estabelecer prioridades exige coragem disciplinada ao enfrentar tarefas desagradáveis, mas importantes. A pessoa disciplinada não foge dessas tarefas, reconhecendo que são fundamentais para o progresso.

A Gratificação Disciplinada da Conclusão: Ao concluir tarefas de acordo com as prioridades estabelecidas, a pessoa disciplinada desfruta da gratificação disciplinada da realização. Cada tarefa concluída é uma evidência tangível da disciplina em ação.

À medida que exploramos os efeitos da disciplina no estabelecimento de prioridades, torna-se claro que essa habilidade trata sobre forjar um caminho disciplinado em direção ao que realmente importa. A disciplina se traduz em realizações palpáveis em diversas áreas da vida ela é como a força que direciona nossas energias para o que realmente importa, esculpindo um caminho disciplinado na tapeçaria da vida.

Início Gradual e Consistência na Trilha da Mudança

Na jornada da disciplina, assim como em uma dança meticulosa, o início gradual e a consistência são os parceiros que moldam o ritmo da transformação. Desenvolver hábitos disciplinares não é uma corrida de velocidade, mas sim uma maratona lenta e constante. Adiante, exploraremos a arte de iniciar gradualmente e a importância de manter a consistência. Aprenderemos como pequenas ações diárias, quando realizadas com regularidade, acumulam-se ao longo do tempo, moldando uma jornada disciplinada.

O Primeiro Passo Deliberado: Imagine alguém que deseja incorporar hábitos disciplinares em sua vida. Em vez de embarcar em uma série de mudanças radicais, essa pessoa toma o primeiro passo deliberado. Se o objetivo é acordar mais cedo, ela começa ajustando o despertador em apenas 15 minutos antes do habitual.

A Adoção Gradual de Novos Hábitos: O início gradual significa adotar novos hábitos de maneira escalonada. Por exemplo, se alguém deseja introduzir a prática do exercício físico regular, começa com duas ou três sessões curtas por semana, permitindo que o corpo se adapte gradualmente.

Evitando a Sobrecarga Disciplinada: Iniciar gradualmente é uma prática disciplinada para evitar a sobrecarga. A pessoa disciplinada compreende que tentar implementar várias mudanças de uma vez pode levar à exaustão e ao desânimo. Ela escolhe um hábito por vez, priorizando a qualidade sobre a quantidade.

A Arte de Focar no Essencial: O início gradual ensina a arte de focar no essencial. Se o objetivo é cultivar o hábito da leitura diária, começa-se com poucas páginas. A pessoa disciplinada compreende que, no início, a consistência é mais valiosa do que a quantidade.

A Construção de Alicerces Sólidos: Cada ação disciplinada, mesmo que pequena, contribui para a construção de alicerces sólidos. A pessoa disciplinada que deseja melhorar a saúde começa com escolhas alimentares mais saudáveis em uma refeição por dia, construindo gradualmente uma base duradoura de hábitos alimentares disciplinados.

A Disciplina na Aprendizagem Contínua: O início gradual se alinha perfeitamente com a jornada da aprendizagem contínua. Por exemplo, se alguém aspira aprender um novo idioma, começa com vocabulário básico e frases simples. A consistência nesse aprendizado, mesmo que seja apenas alguns minutos por dia, acumula-se ao longo do tempo.

A Resistência ao Impulso do Tudo ou Nada: A pessoa disciplinada resiste ao impulso do "tudo ou nada". Ela compreende que não é necessário adotar todas as mudanças de uma vez para alcançar o sucesso. Se o objetivo é ter uma rotina matinal disciplinada, ela começa com um hábito por vez, como meditar por alguns minutos.

O Ajuste Gradual de Expectativas: No início gradual, as expectativas são ajustadas de maneira realista. A pessoa disciplinada não espera resultados dramáticos instantâneos. Se o objetivo é escrever diariamente, ela começa com uma pequena meta de palavras, ajustando-as gradualmente conforme a consistência se solidifica.

O Valor da Persistência Disciplinada:
A persistência é uma aliada na jornada do início gradual. A pessoa disciplinada entende que pode enfrentar desafios iniciais, mas persiste. Por exemplo, se a meta é beber mais água diariamente, ela começa com um copo adicional e persiste, adicionando mais gradualmente.

O Crescimento Sustentável: O início gradual propicia um crescimento sustentável. Ao incorporar hábitos disciplinares de maneira escalonada, a pessoa disciplinada experimenta um crescimento que se mantém ao longo do tempo, evitando picos seguidos de retrocessos.

A Celebração de Pequenas Vitórias:
Cada passo disciplinado, por menor que seja, é uma vitória. A pessoa disciplinada celebra essas pequenas conquistas. Se o objetivo é diminuir o consumo de cafeína, cada dia sem exceder a quantidade estabelecida é uma vitória a ser comemorada.

O Desenvolvimento de Resiliência Disciplinada: O início gradual desenvolve resiliência disciplinada. A pessoa disciplinada que enfrenta contratempos entende que é uma parte natural do processo. Se um dia de exercício é perdido, ela retorna com comprometimento no dia seguinte, aprendendo com a experiência.

O Poder da Rotina Gradual: O estabelecimento de uma rotina gradual é uma ferramenta disciplinada poderosa. Ao construir uma rotina diária em etapas, a pessoa disciplinada integra hábitos de forma natural, sem forçar mudanças abruptas que podem gerar resistência.

A Conquista Disciplinada de Metas Pequenas: O início gradual conduz à conquista disciplinada de metas pequenas. Se o objetivo é melhorar a postura, a pessoa disciplinada inicia com pequenos ajustes ao longo do dia, como sentar-se de maneira mais ereta, conquistando gradualmente uma postura disciplinada.

A Adoção da Filosofia do "Kaizen": O início gradual abraça a filosofia japonesa do "Kaizen", que preconiza a melhoria contínua por meio de pequenos passos. A pessoa disciplinada aplica essa filosofia em todas as áreas da vida, construindo gradualmente uma fundação disciplinada.

O Entendimento do Ciclo do Hábito: Na jornada disciplinada, o início gradual compreende o ciclo do hábito. A pessoa disciplinada entende que a repetição consistente de pequenas ações cria um hábito duradouro. Por exemplo, se deseja cultivar o hábito da escrita, começa com poucos minutos diários, consolidando gradualmente a prática.

A Cultivação da Paciência Disciplinada: O início gradual cultiva a paciência disciplinada. A pessoa disciplinada compreende que os resultados podem levar tempo e exige paciência para ver os frutos do trabalho árduo. Se o objetivo é aprimorar uma habilidade, ela pratica diariamente, permitindo que a maestria se desenvolva gradualmente.

A Integração Natural na Rotina Diária: Ao iniciar gradualmente, a disciplina se integra naturalmente na rotina diária. A pessoa disciplinada que deseja adotar uma rotina matinal mais disciplinada começa com pequenos rituais, como estabelecer intenções para o dia.

A Compreensão do Poder das Pequenas Mudanças: O início gradual abraça o poder das pequenas mudanças. A pessoa disciplinada entende que, ao implementar pequenos ajustes em sua vida, ela pode provocar grandes transformações. Se o objetivo é reduzir o tempo nas redes sociais, ela começa limitando gradualmente o uso diário.

A Aceitação Disciplinada da Evolução Pessoal: Por fim, o início gradual é uma aceitação disciplinada da evolução pessoal. A pessoa disciplinada compreende que a jornada é única e pessoal. Se o objetivo é cultivar a gratidão diária, ela começa com alguns minutos de reflexão, aceitando que a prática evoluirá com o tempo.

Com o início gradual e a consistência na jornada disciplinada, percebemos que cada passo, mesmo o mais modesto, contribui para o crescimento pessoal. A consistência é a cola que une pequenos passos a grandes transformações. Esteja pronto para se aprofundar na arte de começar gradualmente e permanecer firme na trilha da disciplina.

A Sinfonia da Disciplina: A Arte do Ajuste Consciente

Na disciplina, é essencial que estejamos sintonizados com as mudanças de tom, ritmo e harmonia que a vida inevitavelmente nos apresenta. Adiante, mergulharemos na arte do ajuste consciente, explorando como a disciplina pode ser flexível sem perder sua essência. Ajustar conscientemente significa aceitar as mudanças de forma deliberada, sem perder de vista os objetivos fundamentais. Prepare-se para uma exploração da harmonia disciplinada que permeia a capacidade de ajustar-se conscientemente às nuances da vida.

A Natureza Dinâmica da Vida: A vida é como um rio em constante fluxo, e a disciplina é a bússola que nos guia pelas águas turbulentas. A pessoa disciplinada compreende a natureza dinâmica da vida e está pronta para ajustar sua rota conscientemente.

A Adaptação Disciplinada às Mudanças: A disciplina não é rígida; é adaptável. Por exemplo, se uma mudança nas responsabilidades profissionais exige ajustes na rotina diária, a pessoa disciplinada adapta-se conscientemente, mantendo a consistência dentro das novas circunstâncias.

Evitando a Rigidez Disciplinada: A rigidez pode ser a inimiga da disciplina. A pessoa disciplinada evita a armadilha da rigidez, entendendo que, em certos momentos, é necessário ajustar a abordagem para manter-se alinhada aos objetivos.

A Reflexão Sistemática dos Hábitos:
Ajustar conscientemente envolve uma reflexão sistemática dos hábitos. Se a meta é aprimorar a produtividade, a pessoa disciplinada periodicamente avalia seus métodos, ajustando-os conforme necessário para otimizar resultados.

A Consciência do Impacto nas Metas:
Ao fazer ajustes, a pessoa disciplinada mantém a consciência do impacto nas metas. Por exemplo, se a meta é equilibrar trabalho e vida pessoal, ela avalia como ajustes na rotina podem contribuir para esse equilíbrio.

A Aceitação Consciente das Mudanças: O ajuste consciente requer uma aceitação consciente das mudanças. A pessoa disciplinada compreende que, às vezes, ajustes são necessários devido a fatores externos ou mudanças nas prioridades.

A Integração Harmoniosa na Vida Pessoal: A disciplina não é uma estranha na vida pessoal. A pessoa disciplinada integra harmoniosamente a disciplina em sua vida pessoal, ajustando-se conscientemente às necessidades familiares, emocionais e sociais.

A Flexibilidade Disciplinada na Carreira: Na carreira, a pessoa disciplinada pratica uma flexibilidade disciplinada. Se novas oportunidades surgem, ela ajusta conscientemente sua trajetória, mantendo a visão geral de seus objetivos profissionais.

A Ajustabilidade Disciplinada às Prioridades: Prioridades mudam ao longo da vida, e a pessoa disciplinada é ajustável a essas mudanças. Se a prioridade muda de carreira para educação, ela ajusta conscientemente sua rotina para acomodar essa mudança.

A Manutenção da Disciplina na Adversidade: O ajuste consciente é uma ferramenta vital na manutenção da disciplina durante a adversidade. Se enfrentando um período desafiador, a pessoa disciplinada ajusta sua abordagem, mantendo a consistência ao adaptar-se às circunstâncias.

A Arte de Ajustar sem Comprometer Valores: Ao ajustar conscientemente, a pessoa disciplinada mantém uma linha firme em seus valores. Por exemplo, se um novo projeto no trabalho exige mais tempo, ela ajusta a agenda sem comprometer seus valores pessoais, como tempo de qualidade com a família.

O Ajuste Consciente nas Metas de Longo Prazo: Ajustar conscientemente é uma prática contínua, especialmente nas metas de longo prazo. A pessoa disciplinada revisita regularmente suas metas de longo prazo, ajustando-as conscientemente à medida que sua jornada evolui.

A Sensibilidade Disciplinada às Necessidades Emocionais: O ajuste consciente é sensível às necessidades emocionais. Se a pessoa disciplinada percebe que precisa de mais tempo para autocuidado, ela ajusta conscientemente sua rotina para incorporar práticas que promovam o bem-estar emocional.

A Avaliação Disciplinada das Prioridades: Ajustar conscientemente envolve uma avaliação disciplinada das prioridades. A pessoa disciplinada periodicamente reflete sobre o que é mais importante em sua vida, ajustando sua abordagem para alinhar-se a essas prioridades.

A Intenção Consciente nas Mudanças: O ajuste consciente é conduzido pela intenção. A pessoa disciplinada não faz mudanças impulsivas, mas ajusta conscientemente sua rota com base em uma compreensão clara de como esses ajustes contribuirão para seus objetivos gerais.

O Ajuste Deliberado na Rotina Diária: Na rotina diária, o ajuste consciente é deliberado. Se a pessoa disciplinada percebe que a produtividade está sendo afetada por certas atividades, ela ajusta conscientemente sua rotina para otimizar o uso do tempo.

A Harmonização Consciente dos Compromissos: O ajuste consciente harmoniza os compromissos. Se novos compromissos surgem, a pessoa disciplinada avalia conscientemente como esses compromissos impactarão sua capacidade de manter a disciplina em outras áreas da vida.

O Ajuste Compassivo nas Expectativas: O ajuste consciente é compassivo em relação às expectativas. A pessoa disciplinada entende que, em determinados momentos, pode ser necessário ajustar as expectativas para aliviar a pressão, sem afetar o comprometimento geral com a disciplina.

A Continuidade Disciplinada na Jornada: Por fim, o ajuste consciente é uma prática contínua. A pessoa disciplinada compreende que a jornada é dinâmica e está em constante evolução. Ajustar-se conscientemente é a garantia de continuidade disciplinada na jornada da vida.

Com o ajuste consciente compreendemos que a verdadeira maestria está na capacidade de adaptar-se sem perder a essência e nem a harmonia entre ajuste consciente e objetivos fundamentais.

A Sinfonia do Autoconhecimento Disciplinado: Uma Jornada de Aprendizado Contínuo

Na vastidão do autoconhecimento, a disciplina emerge como o guia sábio que ilumina os recantos mais profundos da alma. Compreender a si mesmo é a pedra angular na construção de hábitos disciplinares duradouros. O autoconhecimento disciplinado ensina como aprender com experiências, identificar padrões comportamentais e manter uma gentileza consigo mesmo que são elementos essenciais na jornada de aprendizado contínuo e na busca constante pelo crescimento pessoal.

A Autenticidade Disciplinada: O autoconhecimento disciplinado começa com a autenticidade. A pessoa disciplinada compreende suas motivações, valores e desejos autênticos, alinhando seus hábitos disciplinares a essa verdade interior.

A Observação Reflexiva do Comportamento: Observar reflexivamente o próprio comportamento é um pilar do autoconhecimento disciplinado. Se a meta é gerenciar o tempo de forma mais eficaz, a pessoa disciplinada observa como gasta seu tempo e ajusta conscientemente com base nessa reflexão.

A Análise das Reações Sob Pressão: Sob pressão, a disciplina revela sua verdadeira natureza. A pessoa disciplinada analisa suas reações em situações desafiadoras, aprendendo com esses momentos e ajustando-se para lidar melhor com o estresse.

A Descoberta dos Gatilhos Comportamentais: Identificar gatilhos comportamentais é uma arte do autoconhecimento disciplinado. A pessoa disciplinada reconhece situações ou emoções que desencadeiam comportamentos indesejados, ajustando sua abordagem para evitar respostas automáticas.

A Adaptação Consciente a Mudanças: O autoconhecimento disciplinado é a base para a adaptação consciente a mudanças. Se a pessoa disciplinada passa por uma transição na vida, ela se conhece o suficiente para ajustar seus hábitos de acordo com as novas circunstâncias.

O Reconhecimento dos Padrões Limitantes: Padrões comportamentais limitantes são obstáculos no caminho da disciplina. A pessoa disciplinada reconhece esses padrões, como procrastinação ou autossabotagem, aprendendo a driblá-los com estratégias disciplinadas.

A Aceitação da Complexidade Interior: O autoconhecimento disciplinado abraça a complexidade interior. A pessoa disciplinada reconhece que sua natureza é multifacetada e, ao invés de resistir, aprende a integrar diferentes aspectos de si mesma na jornada disciplinada.

A Valorização das Lições nas Falhas: As falhas são mestres na escola da disciplina. A pessoa disciplinada valoriza as lições contidas nas falhas, aprendendo como melhorar e ajustar-se para evitar os mesmos erros no futuro.

A Exploração das Motivações Profundas: As motivações profundas impulsionam a disciplina. A pessoa disciplinada explora suas motivações mais profundas, entendendo o que a impulsiona a manter hábitos disciplinares mesmo nos momentos desafiadores.

A Resposta Disciplinada aos Desafios: O autoconhecimento disciplinado molda a resposta a desafios. Se a pessoa disciplinada enfrenta um desafio imprevisto, ela confia em sua compreensão interna para ajustar-se disciplinadamente, mantendo o foco nas metas.

O Diálogo Interno Disciplinado: O diálogo interno é uma ferramenta poderosa no autoconhecimento disciplinado. A pessoa disciplinada cultiva um diálogo interno positivo e encorajador, nutrindo a autocompaixão durante a jornada disciplinada.

A Gentileza Consigo Mesmo na Adversidade: A adversidade é inevitável, mas a gentileza consigo mesmo é crucial. A pessoa disciplinada, ao enfrentar momentos difíceis, pratica a gentileza, compreendendo que o aprendizado contínuo também inclui aceitar imperfeições.

O Cultivo da Paciência Disciplinada: O autoconhecimento disciplinado é alicerçado na paciência. A pessoa disciplinada compreende que a jornada de aprendizado é contínua e cultiva paciência para permitir que o crescimento pessoal se desdobre naturalmente.

O Ajuste de Métodos com Sabedoria: A sabedoria é necessária ao ajustar métodos. A pessoa disciplinada, ao aprender com suas experiências, ajusta métodos com sabedoria, escolhendo abordagens que se alinhem ao seu eu autêntico.

A Integração de Novas Aprendizagens: O autoconhecimento disciplinado não é estático. A pessoa disciplinada integra continuamente novas aprendizagens em sua jornada, mantendo-se aberta à evolução constante.

O Aperfeiçoamento Contínuo dos Processos: A disciplina é um processo em constante aperfeiçoamento. Se a pessoa disciplinada identifica áreas de melhoria em seus hábitos, ajusta conscientemente os processos para alcançar uma eficácia aprimorada.

A Autoavaliação Disciplinada: A autoavaliação é uma prática disciplinada. A pessoa disciplinada regularmente se avalia, refletindo sobre o progresso, ajustando métodos conforme necessário e mantendo-se alinhada aos objetivos.

A Compreensão dos Limites e Potenciais: O autoconhecimento disciplinado inclui a compreensão dos próprios limites e potenciais. A pessoa disciplinada ajusta sua jornada para trabalhar dentro desses limites, enquanto continua a explorar e expandir seus potenciais.

A Humildade Disciplinada na Jornada: A humildade é uma aliada na jornada disciplinada. A pessoa disciplinada reconhece que sempre há mais a aprender, mantendo uma postura humilde diante das lições que a vida apresenta.

A Celebração do Crescimento Pessoal: Ao longo da jornada de autoconhecimento disciplinado, a celebração do crescimento pessoal é essencial. A pessoa disciplinada reconhece e celebra as pequenas vitórias, entendendo que o aprendizado contínuo é uma conquista em si mesmo.

Ao aprofundarmos o autoconhecimento disciplinado, entendemos o quanto ele contribui para a riqueza da experiência humana. Esteja pronto para se aprofundar na arte do autoconhecimento disciplinado e no eterno aprendizado que molda a jornada de crescimento pessoal.

A Dança da Disciplina: A Arte de Buscar Apoio e Responsabilidade

Na jornada da disciplina, o isolamento é uma ilha indesejada. A busca por apoio e responsabilidade é o compasso que nos conecta aos outros, transformando a disciplina em uma dança coletiva. A seguir, exploraremos como compartilhar objetivos, buscar apoio em amigos, familiares ou colegas, e envolver-se em grupos de apoio pode ser fundamental para fortalecer nosso comprometimento. Prepare-se para descobrir como a disciplina ganha vida quando nos comprometemos com relacionamentos e responsabilidades compartilhadas.

O Poder da Compartilhamento de Objetivos: Compartilhar objetivos é o primeiro passo para invocar o poder do apoio. A pessoa disciplinada mantém suas aspirações e compartilha seus planos com aqueles em quem confia.

A Construção de Pontes na Comunicação: Comunicar objetivos é uma forma de construir pontes. A pessoa disciplinada pratica uma comunicação clara, explicando seus objetivos e buscando entendimento e apoio daqueles ao seu redor.

A Conexão Fortalecedora com Amigos: Amigos são aliados valiosos na jornada disciplinada. A pessoa disciplinada busca a conexão fortalecedora com amigos, compartilhando sucessos, mas também desafios, nutrindo uma rede de apoio mútuo.

O Reforço Positivo do Círculo Social: O círculo social torna-se um reforço positivo. A pessoa disciplinada cerca-se de indivíduos que incentivam e apoiam seus esforços, criando um ambiente propício ao crescimento disciplinado.

A Inspiração nos Desafios Compartilhados: Desafios compartilhados tornam-se fontes de inspiração. A pessoa disciplinada não se sente sozinha em seus obstáculos, pois sabe que outros também enfrentam desafios, criando uma comunidade de aprendizado.

A Partilha de Estratégias Bem-Sucedidas: A partilha de estratégias bem-sucedidas enriquece a jornada disciplinada. A pessoa disciplinada compartilha suas descobertas e métodos eficazes com amigos, contribuindo para o crescimento coletivo.

O Estímulo nos Momentos de Desânimo: Nos momentos de desânimo, o apoio dos amigos é um estímulo. A pessoa disciplinada busca consolo e incentivo quando necessário, encontrando força na compreensão e apoio dos outros.

A Responsabilidade Compartilhada na Família: A família torna-se um epicentro de responsabilidade compartilhada. A pessoa disciplinada envolve a família em seus objetivos, criando um senso de responsabilidade mútua que fortalece o comprometimento.

O Impacto Positivo nas Relações Profissionais: No ambiente profissional, a busca por apoio tem impactos positivos. A pessoa disciplinada compartilha metas com colegas, construindo uma cultura de apoio e responsabilidade no local de trabalho.

A Troca de Ideias Construtivas: A troca de ideias construtivas é uma expressão do apoio mútuo. A pessoa disciplinada participa de discussões produtivas com amigos ou colegas, beneficiando-se das diferentes perspectivas e experiências.

A Valiosa Orientação de um Mentor: Um mentor é uma bússola valiosa na jornada disciplinada. A pessoa disciplinada busca a orientação de alguém mais experiente, aproveitando os insights e conselhos para aprimorar seus hábitos.

O Engajamento em Grupos de Apoio: A pessoa disciplinada envolve-se em grupos de apoio, onde compartilha experiências, recebe encorajamento e oferece suporte a outros membros.

A Criação de Compromissos Públicos: Compromissos públicos reforçam a responsabilidade. A pessoa disciplinada não teme tornar seus objetivos públicos, pois entende que essa transparência cria um laço adicional de responsabilidade.

A Influência Positiva na Comunidade: A disciplina expande sua influência para a comunidade. A pessoa disciplinada, ao buscar apoio e responsabilidade, torna-se uma fonte de inspiração positiva para outros, incentivando uma cultura de crescimento conjunto.

A Celebração Compartilhada de Conquistas: Conquistas compartilhadas são motivo de celebração. A pessoa disciplinada não guarda suas vitórias para si mesma, mas as compartilha com aqueles que a apoiaram, fortalecendo os laços de sucesso coletivo.

O Desenvolvimento de Hábitos de Responsabilidade: A busca por apoio e responsabilidade é uma prática que desenvolve hábitos de responsabilidade. A pessoa disciplinada, ao envolver-se em relacionamentos responsáveis, internaliza a importância da prestação de contas.

A Construção de Alianças Duradouras: Alianças duradouras são forjadas na busca por apoio. A pessoa disciplinada constrói relacionamentos sólidos, baseados na confiança e no apoio mútuo, criando laços que resistem ao teste do tempo.

A Injeção de Energia nos Momentos Difíceis: Nos momentos difíceis, o apoio injeta energia renovada. A pessoa disciplinada, ao sentir-se cansada, busca o apoio de sua rede, recebendo uma injeção de ânimo que a impulsiona a seguir em frente.

O Estímulo à Criatividade Compartilhada: A criatividade floresce na colaboração. A pessoa disciplinada, ao buscar apoio em mentores ou colegas, estimula a criatividade compartilhada, explorando novas abordagens para desafios disciplinares.

A Gratidão pela Rede de Apoio: A gratidão é a essência da busca por apoio. A pessoa disciplinada expressa gratidão pela rede que a sustenta, reconhecendo o valor vital dessas conexões na jornada disciplinada.

Na busca por apoio e responsabilidade, percebemos que a disciplina não deve ser uma jornada solitária, mas sim uma celebração coletiva de crescimento e superação. A harmonia entre apoio mútuo e responsabilidade compartilhada torna mais leve e prazerosa a busca pela realização pessoal. Relações fortalecem a disciplina e elevam cada passo na jornada de autotransformação.

Capítulo 4

Superando Obstáculos - Navegando pelas Marés da Disciplina

Como em qualquer jornada na vida os obstáculos surgem para desafiar nossa determinação. Procrastinação, falta de motivação e resistência à mudança são desafios que aparecem em nosso caminho e podem tentar nos afastar do rumo planejado. Contudo, quando compreendidos e abordados estrategicamente, podem fortalecer nossa resiliência disciplinada. Neste capítulo, mergulharemos nas águas agitadas dos obstáculos a disciplina, explorando dicas práticas e estratégias eficazes para superá-los.

1. Procrastinação: O Dragão que Adia Conquistas A procrastinação é um dos monstros mais temidos no reino da disciplina. Quando adiamos tarefas importantes, comprometemos nossos objetivos. A pessoa disciplinada enfrenta a procrastinação identificando suas raízes, estabelecendo metas claras e dividindo tarefas complexas em partes menores. Assumir compromissos públicos também cria uma pressão saudável para vencer o dragão da procrastinação.

2. Falta de Motivação: A Névoa que Ofusca o Horizonte A falta de motivação é como uma névoa densa que obscurece a visão dos objetivos. A pessoa disciplinada compreende que a motivação nem sempre é constante e adota estratégias para reacender a chama. Estabelecer metas claras e significativas, visualizar os benefícios dos esforços e buscar inspiração em histórias de sucesso são maneiras eficazes de dissipar a névoa da falta de motivação.

3. Resistência à Mudança: O Vento Contrário na Jornada A resistência à mudança é como um vento contrário que tenta impedir o avanço. A pessoa disciplinada reconhece que a mudança é inevitável e busca entender suas razões. Ao criar uma mentalidade flexível, estabelecer metas realistas e celebrar as pequenas vitórias ao longo do caminho, a resistência à mudança pode se transformar em uma brisa que impulsiona, em vez de impedir, o progresso disciplinado.

4. Auto sabotagem: O Inimigo Oculto na Sombra A auto sabotagem é um inimigo oculto que muitas vezes surge das sombras. A pessoa disciplinada ilumina essas sombras através da autoconsciência. Identificar padrões auto sabotadores, cultivar uma mentalidade positiva e buscar apoio de outros na jornada são estratégias eficazes para superar a auto sabotagem e fortalecer a disciplina.

5. Falta de Foco: A Tempestade que Desvia a Rota A falta de foco é uma tempestade que pode desviar a rota disciplinada. A pessoa disciplinada utiliza técnicas de gestão de tempo, define prioridades claras e pratica a atenção plena para navegar através da tempestade. Ao criar um ambiente propício à concentração e minimizar distrações, é possível manter o foco mesmo nas condições mais desafiadoras.

6. Auto exigência Excessiva: A Sombra que Ofusca a Luz A auto exigência excessiva é como uma sombra que ameaça ofuscar a luz da disciplina. A pessoa disciplinada cultiva a compaixão consigo mesma, aceitação dos limites e celebração das conquistas, por menores que sejam. Ao estabelecer padrões realistas e reconhecer que a perfeição não é alcançável, a luz da disciplina brilha de maneira mais radiante.

7. Falta de Planejamento: A Navegação às Cegas A falta de planejamento é como navegar às cegas, sem uma bússola para guiar. A pessoa disciplinada estabelece metas claras, cria planos de ação detalhados e ajusta o curso conforme necessário. A criação de um cronograma realista e a definição de marcos ajudam a manter a disciplina em meio à jornada.

8. Sobrecarga de Compromissos: O Peso que Abala o Equilíbrio A sobrecarga de compromissos é um peso que abala o equilíbrio disciplinado. A pessoa disciplinada pratica a arte de dizer não, estabelece prioridades e busca apoio quando necessário. Ao reconhecer os limites pessoais e equilibrar as responsabilidades, a disciplina mantém-se firme, mesmo diante de desafios.

9. Medo do Fracasso: A Sombra que Assombra Conquistas O medo do fracasso é uma sombra que assombra as conquistas. A pessoa disciplinada enfrenta esse medo ao reconhecer que falhas são oportunidades de aprendizado. Ao mudar a perspectiva em relação ao fracasso, cultivar a resiliência e buscar apoio emocional, a sombra do medo desaparece diante da luz da disciplina.

10. Isolamento Social: A Solidão que Desafia a Resiliência O isolamento social é uma solidão que desafia a resiliência disciplinada. A pessoa disciplinada busca conexões significativas, compartilha desafios e conquistas, e encontra apoio em comunidades disciplinadas. Ao construir uma rede de apoio, o isolamento é substituído pela força coletiva.

11. Falta de Hábitos Disciplinares: A Terra sem Sementes A falta de hábitos disciplinares é como uma terra sem sementes, incapaz de colher frutos. A pessoa disciplinada inicia gradualmente, incorpora hábitos um de cada vez e celebra as pequenas vitórias. Ao estabelecer rotinas disciplinares e ajustá-las conforme necessário, a disciplina floresce como um jardim frutífero.

12. Comparação com Outros: A Armadilha da Concorrência

A comparação com outros é uma armadilha que desencadeia uma corrida sem fim. A pessoa disciplinada valoriza sua própria jornada, define seus próprios padrões e busca inspiração sem cair na armadilha da competição. Ao focar no crescimento pessoal, a disciplina prospera além das comparações.

13. Ambiente Desfavorável: A Tempestade que Desafia a Navegação

Um ambiente desfavorável é uma tempestade que desafia a navegação disciplinada. A pessoa disciplinada adapta o ambiente para apoiar seus objetivos, minimizando distrações e criando um espaço propício à disciplina. Ao moldar o entorno, a disciplina torna-se a capitã que guia a jornada.

14. Ausência de Recompensas Visíveis: A Noite sem Estrelas A ausência de recompensas visíveis é como uma noite sem estrelas, desafiando a orientação disciplinada. A pessoa disciplinada reconhece as recompensas intrínsecas de suas realizações, celebra as conquistas, e busca gratificação no próprio processo. Ao encontrar a luz nas pequenas vitórias, a disciplina ilumina a escuridão.

15. Falta de Autodisciplina: O Deserto sem Oásis A falta de autodisciplina é como um deserto sem oásis, onde a busca por consistência é árdua. A pessoa disciplinada desenvolve a autodisciplina através da prática consistente, da definição de metas realistas e da celebração de progressos. Ao transformar o deserto em um terreno fértil, a disciplina floresce como um oásis de constância.

16. Desmotivação por Resultados Lentos: O Rio que Fluí Devagar A desmotivação por resultados lentos é como um rio que flui devagar, desafiando a paciência disciplinada. A pessoa disciplinada entende que o progresso gradual é parte integrante da jornada. Ao focar no processo, celebrar avanços pequenos e manter a visão de longo prazo, a disciplina navega suavemente pelo rio.

17. Falta de Resiliência: A Árvore sem Raízes Profundas A falta de resiliência é como uma árvore sem raízes profundas, vulnerável aos ventos da adversidade. A pessoa disciplinada fortalece a resiliência ao enfrentar desafios com uma mentalidade positiva, aprender com as derrotas e buscar apoio emocional. Ao cultivar raízes profundas, a disciplina permanece firme, mesmo nos ventos mais fortes.

18. Desconexão com Objetivos Pessoais: A Bússola Desgarrada A desconexão com objetivos pessoais é como uma bússola desgarrada, perdendo a direção disciplinada. A pessoa disciplinada revisita constantemente seus objetivos, ajusta o curso conforme necessário e mantém uma bússola alinhada aos valores pessoais. Ao permanecer conectada aos objetivos, a disciplina encontra seu verdadeiro norte.

19. Falta de Celebração de Conquistas: A Festa que Nunca Acontece A falta de celebração de conquistas é como uma festa que nunca acontece, privando a jornada disciplinada de alegria. A pessoa disciplinada celebra cada vitória, por menor que seja, reconhecendo o esforço investido. Ao criar rituais de celebração, a disciplina torna-se uma celebração contínua de progresso.

20. Descrença na Própria Capacidade: O Espelho que Reflete Dúvidas A descrença na própria capacidade é como um espelho que reflete dúvidas, desafiando a confiança disciplinada. A pessoa disciplinada nutre a autoconfiança através de afirmações positivas, aprendizado contínuo e superação de desafios. Ao transformar o espelho em uma fonte de confiança, a disciplina reflete uma imagem de força e determinação.

Ao superar esses obstáculos, a disciplina torna-se não apenas uma prática, mas uma filosofia de vida. Adiante, aprofundaremos ainda mais na arte de navegar pelos mares da disciplina, explorando como cada desafio superado fortalece a jornada de autotransformação. Esteja pronto para aprimorar suas habilidades de navegação e emergir mais forte do que nunca.

A Arte de Domar o Dragão da Procrastinação: Despertando a Disciplina Interior

Na vastidão do reino da disciplina, um dragão impiedoso ergue-se como uma sombra ameaçadora, conhecido como Procrastinação. Esse monstro é temido por todos, pois sua habilidade de adiar conquistas e comprometer objetivos é lendária. Contudo, como toda lenda, há heróis que enfrentam tal criatura com destemor, e esses heróis são os disciplinados. Hoje, mergulharemos na arte de domar o dragão da procrastinação, desvendando estratégias eficazes que transformam adiamentos em ações concretas.

A procrastinação muitas vezes encontra raízes na falta de clareza em relação aos objetivos. A pessoa disciplinada compreende que para enfrentar o dragão, é essencial identificar suas raízes. Ao estabelecer metas claras e tangíveis, cria-se um farol que guia os passos na direção certa. O ato de dividir tarefas complexas em partes menores torna a jornada mais gerenciável, transformando um desafio aparentemente monumental em uma série de passos alcançáveis.

Assumir compromissos públicos é uma arma poderosa contra a procrastinação. Quando a pessoa disciplinada compartilha seus objetivos com outros, cria uma pressão saudável para cumprir o que foi prometido. Essa transparência não apenas envolve a comunidade ao redor, mas também fortalece o comprometimento individual. Vencer o dragão da procrastinação torna-se uma busca coletiva, onde amigos, familiares e colegas atuam como aliados valiosos na batalha.

Para ilustrar essa jornada, imagine um estudante que enfrenta a procrastinação ao lidar com um projeto acadêmico significativo. Ao identificar as raízes desse comportamento, ele percebe que a falta de clareza sobre as etapas do projeto é um dos principais desafios. Ao dividir o projeto em tarefas menores, como pesquisa, elaboração do plano e redação, o estudante transforma uma tarefa intimidante em partes mais acessíveis.

Assumindo compromissos públicos, ele compartilha seu objetivo de concluir o projeto dentro de um prazo específico com colegas de classe. Esse comprometimento cria uma responsabilidade externa e fortalece a determinação interna. A pressão saudável de cumprir a promessa torna-se um motivador poderoso, incentivando o estudante a enfrentar o dragão da procrastinação com coragem.

Portanto, ao compreender que a procrastinação é o resultado de raízes profundas, ao estabelecer metas claras e tangíveis, ao dividir tarefas complexas em partes gerenciáveis e ao assumir compromissos públicos, a pessoa disciplinada enfrenta o dragão da procrastinação e emerge vitoriosa, com conquistas tangíveis a seu favor.

À medida que exploramos os recantos da disciplina, cada estratégia se torna uma ferramenta valiosa no arsenal do disciplinado. Continuaremos desbravando os territórios da disciplina, revelando segredos que transformam desafios em oportunidades e, assim, moldam uma vida de realizações significativas. Esteja pronto para avançar rumo à jornada de autotransformação, com a disciplina como sua guia fiel.

Desvendando a Névoa da Falta de Motivação: A Jornada do Disciplinado

Na jornada da vida, todos nós nos deparamos com momentos em que a falta de motivação age como uma névoa densa, obscurecendo nossos objetivos e desafiando nossa visão do horizonte. Essa névoa, se não for cuidadosamente dissipada, pode se transformar em um obstáculo formidável. No entanto, os disciplinados entendem que a motivação não é uma chama constante, mas sim uma chama tênue que precisa ser alimentada e reacendida ao longo da jornada.

Ao enfrentar a névoa da falta de motivação, a pessoa disciplinada adota estratégias que dissipam a obscuridade e iluminam o caminho em direção aos seus objetivos. A primeira estratégia crucial é estabelecer metas claras e significativas. Essas metas agem como faróis na escuridão, fornecendo direção e propósito. Ao visualizar claramente o que deseja alcançar, o disciplinado cria uma bússola interna que o guia mesmo nos momentos de baixa motivação.

Considere o exemplo de alguém que aspira a uma carreira significativa. Em um determinado momento, a falta de motivação pode obscurecer a visão dessa meta. No entanto, ao estabelecer metas específicas, como a obtenção de uma certificação profissional ou a conclusão de um projeto desafiador, a pessoa disciplinada cria uma visão nítida do que deseja alcançar. Essas metas se tornam faróis que dissipam a névoa da falta de motivação, orientando-a em direção ao horizonte profissional desejado.

Outra estratégia adotada pelos disciplinados é a prática de visualizar os benefícios dos esforços. Ao criar uma imagem mental vívida dos resultados positivos que podem surgir do trabalho árduo e da disciplina, a pessoa disciplinada cultiva uma fonte interna de motivação. Isso reforça a crença nos objetivos e oferece uma injeção de energia quando a motivação natural está em falta.

Imagine alguém que está embarcando em uma jornada de perda de peso e condicionamento físico. Nos dias em que a falta de motivação paira como uma névoa espessa, visualizar os benefícios de uma vida mais saudável, a melhoria da autoestima e a conquista de metas fitness específicas atua como um catalisador motivacional. Essa prática de visualização torna-se um escudo contra a névoa da falta de motivação, proporcionando clareza e determinação.

Além disso, os disciplinados encontram inspiração em histórias de sucesso. Ao conhecer casos de pessoas que superaram desafios semelhantes e alcançaram realizações notáveis, a pessoa disciplinada nutre sua própria motivação. Essas histórias servem como testemunhos tangíveis de que, mesmo nas condições mais desafiadoras, a disciplina pode ser a luz que dissipa a névoa da falta de motivação.

Portanto, ao compreender que a névoa da falta de motivação é uma realidade transitória, ao estabelecer metas claras e significativas, ao visualizar os benefícios dos esforços e ao buscar inspiração em histórias de sucesso, a pessoa disciplinada enfrenta a obscuridade e emerge mais fortalecida. A motivação, longe de ser uma chama fugaz, torna-se uma força resiliente, moldando uma jornada de realizações significativas.

Nos territórios da disciplina, exploraremos ainda mais os segredos para reacender a chama interior nos momentos mais desafiadores. Esteja pronto para aprofundar sua compreensão sobre como a disciplina dissipa a névoa da falta de motivação e acende uma luz que ilumina o caminho para o horizonte desejado.

Navegando no Vento Contrário: A Disciplina como Leme na Resistência à Mudança

Frequentemente nos deparamos com a resistência à mudança, um vento contrário que tenta impedir nosso avanço. Assim como uma brisa obstinada que se opõe à vela de um navio, a resistência à mudança pode parecer um obstáculo insuperável. No entanto, os disciplinados não veem a resistência como uma barreira, mas como uma força que pode ser compreendida, direcionada e até mesmo transformada.

A resistência à mudança é como um vento que sopra forte, tentando empurrar-nos de volta ao território conhecido. A pessoa disciplinada, ao invés de lutar contra esse vento, reconhece a inevitabilidade da mudança. Assim como um navegador experiente que ajusta as velas de seu navio para capturar o vento de maneira eficiente, a pessoa disciplinada busca entender as razões por trás da mudança. Compreender as raízes da resistência, sejam elas o medo do desconhecido ou a relutância em abandonar a zona de conforto, é o primeiro passo para transformar o vento contrário em uma força impulsionadora.

Vamos analisar o exemplo de alguém que está prestes a mudar de carreira. A resistência à mudança pode se manifestar como insegurança em relação ao novo ambiente de trabalho, o medo do desconhecido e a relutância em deixar para trás a familiaridade do antigo emprego. A pessoa disciplinada não ignora esses sentimentos, mas os encara de frente, compreendendo suas raízes. Ao entender que a mudança é inevitável para o crescimento pessoal e profissional, ela ajusta suas velas para aproveitar o vento da mudança de maneira construtiva.

A mentalidade flexível é um elemento-chave na disciplina diante da resistência à mudança. Assim como uma árvore flexível que se curva diante de fortes rajadas de vento, a pessoa disciplinada adota uma postura de adaptação. Em vez de resistir rigidamente, ela se flexiona diante das mudanças, ajustando-se às novas circunstâncias com agilidade. Essa mentalidade flexível permite que ela enfrente os desafios da mudança e a transforma em uma força que impulsiona, em vez de obstruir, seu progresso disciplinado.

Estabelecendo metas realistas, a pessoa disciplinada cria uma rota clara a seguir, mesmo quando enfrenta o vento contrário da resistência à mudança. Essas metas a guiam na direção certa, mesmo diante da incerteza. Celebrar as pequenas vitórias ao longo do caminho torna-se uma prática essencial. Cada conquista, por menor que seja, é como um sinal de que, apesar da resistência, o progresso está sendo feito.

A resistência à mudança pode ser transformada pela disciplina. Ao compreender as razões por trás da mudança, cultivar uma mentalidade flexível, estabelecer metas realistas e celebrar as pequenas vitórias, a pessoa disciplinada enfrenta a resistência, e a utiliza como uma força propulsora em sua jornada. Esteja preparado para avançar com determinação e descobrir a verdadeira força da disciplina na resistência à mudança.

Navegando nas Águas Turbulentas da Falta de Foco: A Disciplina como uma Bússola Confiável

Em meio à jornada disciplinada, nos deparamos com a tempestade da falta de foco, uma força capaz de desviar a rota cuidadosamente planejada. Os disciplinados entendem que manter o rumo diante da falta de foco requer habilidades específicas e a capacidade para enfrentar a distração.

A falta de foco pode se assemelhar a uma tempestade que surge sem aviso, tumultuando as águas calmas da concentração disciplinada. A pessoa disciplinada, entretanto, não se deixa levar pela distração. Em vez disso, ela utiliza técnicas eficazes de gestão de tempo para manter a clareza sobre suas prioridades. Similar a um capitão que consulta o cronômetro para garantir a pontualidade, a pessoa disciplinada recorre a ferramentas que maximizam a eficiência e minimizam o impacto da falta de foco.

Por exemplo um profissional que enfrenta a tentação constante das redes sociais durante o expediente. A falta de foco, nesse cenário, é representada pelas ondas incessantes de notificações e atualizações. O disciplinado, no entanto, adota a técnica da gestão de tempo, reservando períodos específicos para verificar e responder às mensagens, enquanto concentra a maior parte do tempo nas tarefas prioritárias. Essa estratégia preserva a clareza de sua rota e cria um escudo contra as tempestades de distração.

Definir prioridades claras é outra estratégia empregada pelos disciplinados para manter o foco mesmo em meio à tempestade. Similar a um navegador que identifica os pontos de referência mais importantes para manter o curso, a pessoa disciplinada define claramente quais tarefas e metas são essenciais para seu progresso. Ao manter essas prioridades à vista, ela consegue ajustar as velas quando a tempestade da falta de foco ameaça desviar sua trajetória.

A prática da atenção plena é uma ferramenta poderosa para a pessoa disciplinada. Assim como um navegador atento às condições do mar, a pessoa disciplinada cultiva a habilidade de estar plenamente presente em suas tarefas. Ao eliminar as distrações mentais e focar totalmente na atividade atual, ela navega pelas águas turbulentas da falta de foco com maestria.

Criar um ambiente propício à concentração é como aportar em um porto seguro em meio à uma tempestade. A pessoa disciplinada reconhece a influência do ambiente na sua capacidade de manter o foco e, portanto, cria condições ideais para a realização de suas tarefas. Isso pode envolver a organização do espaço de trabalho, a definição de limites para interrupções e a adoção de práticas que favoreçam a concentração.

Um estudante que enfrenta a tempestade da falta de foco durante os estudos e cria um ambiente tranquilo e livre de distrações, estabelece metas claras para cada sessão de estudo e pratica momentos de atenção plena, mantém o foco mesmo diante das condições mais desafiadoras.

A falta de foco, pode ser domada pela disciplina. Ao utilizar técnicas de gestão de tempo, definir prioridades claras, praticar a atenção plena e criar um ambiente propício à concentração, a pessoa disciplinada enfrenta a distração capacitando a mente a permanecer firme e descobrir a verdadeira força da disciplina na superação da falta de foco.

Desvendando a Sombra da Auto exigência Excessiva: A Luz da Disciplina em Meio à Escuridão Interior

Na jornada disciplinada, deparamo-nos com a sombra da auto exigência excessiva, uma presença que ameaça ofuscar a luz brilhante da disciplina.

Como a escuridão que se projeta quando a luz é demasiadamente focada, a auto exigência pode obscurecer as realizações e transformar a disciplina em uma jornada árdua. No entanto, os disciplinados compreendem que cultivar a luz interior requer compaixão consigo mesmos, aceitação dos limites pessoais e celebração das conquistas, por menores que sejam.

A auto exigência excessiva é como uma sombra persistente que segue cada passo da pessoa disciplinada. Em vez de abraçar a disciplina como uma aliada, a auto exigência transforma-se em uma força que constantemente aponta falhas e imperfeições. A pessoa disciplinada, entretanto, aprende a iluminar a escuridão da auto exigência por meio da compaixão consigo mesma.

Considere o exemplo de alguém que está aprendendo um novo idioma. Diante da auto exigência excessiva, essa pessoa pode se cobrar por não aprender rapidamente ou por cometer erros ao falar. A disciplina, nesse contexto, não deve ser uma fonte de pressão implacável, mas sim uma luz que guia o aprendizado com paciência. A pessoa disciplinada reconhece que o processo de aprender um novo idioma envolve inevitáveis equívocos, e, em vez de se punir por cada erro, ela abraça a compaixão consigo mesma, permitindo que a luz da disciplina brilhe de maneira mais suave e constante.

Aceitar os limites pessoais é outro aspecto crucial na jornada disciplinada. A auto exigência excessiva muitas vezes cria expectativas irrealistas, tornando a disciplina uma busca constante pela perfeição inatingível. A pessoa disciplinada, ao invés disso, reconhece que todos têm limitações e que o progresso muitas vezes ocorre por meio de pequenos avanços. Um exemplo claro é alguém que se propõe a fazer exercícios regularmente. A auto exigência pode levar a padrões impossíveis, como nunca perder um treino ou sempre alcançar metas atléticas elevadas. A disciplina realça a luz quando essa pessoa aceita que haverá dias de menor energia e que pequenos esforços continuados são mais valiosos do que a busca incessante pela perfeição.

Celebrar as conquistas, por menores que sejam, é uma prática fundamental na jornada disciplinada. A auto exigência excessiva muitas vezes desencoraja a celebração, pois a atenção está sempre focada no que falta, em vez do que foi alcançado. A pessoa disciplinada, ao contrário, compreende que cada passo na direção certa merece reconhecimento. Imagine alguém que está tentando adotar hábitos alimentares mais saudáveis. Ao invés de se concentrar apenas nos dias em que segue a dieta rigorosamente, ela celebra cada escolha nutritiva, criando assim uma atmosfera positiva que sustenta a disciplina.

Ao estabelecer padrões realistas e reconhecer que a perfeição não é alcançável, a luz da disciplina brilha de maneira mais radiante na escuridão da auto exigência. A pessoa disciplinada aprende a dançar na luz, em vez de ser aprisionada pela sombra da auto exigência. A jornada disciplinada não é uma busca implacável pela perfeição, mas sim uma celebração constante do progresso, uma aceitação compassiva das falhas e um reconhecimento sincero das conquistas, por menores que sejam.

Em conclusão, a auto exigência excessiva, essa sombra que ameaça ofuscar a luz da disciplina, pode ser transformada em um elemento enriquecedor da jornada. Cultivando a compaixão consigo mesmo, aceitando os limites pessoais e celebrando as conquistas, a pessoa disciplinada ilumina a escuridão interior, e descobre a verdadeira beleza da disciplina: a capacidade de brilhar intensamente mesmo nas condições mais desafiadoras. À medida que exploramos mais profundamente os segredos da disciplina, continuaremos a desvendar caminhos que levam à autenticidade, aceitação e, acima de tudo, à luz radiante da verdadeira disciplina. Esteja preparado para seguir adiante na jornada da disciplina, onde cada passo é uma vitória e cada desafio é uma oportunidade de crescimento.

Navegando com Direção Clara: A Disciplina Superando a Falta de Planejamento

Em meio ao vasto oceano da vida, a falta de planejamento é como navegar às cegas, sem um mapa confiável para orientar o curso. A pessoa disciplinada, entretanto, compreende que estabelecer metas claras, criar planos de ação detalhados e ajustar o curso conforme necessário são as ferramentas essenciais para enfrentar as incertezas e manter a disciplina ao longo da jornada. Assim como um navegador habilidoso que traça um rumo com precisão, a pessoa disciplinada cria um cronograma realista e define marcos para alcançar ao longo da jornada, garantindo que a falta de planejamento não seja um obstáculo, mas sim uma oportunidade para cultivar a disciplina.

Quando navegamos sem um plano claro, estamos sujeitos às correntes imprevisíveis da vida. A pessoa disciplinada, por outro lado, reconhece que a falta de planejamento pode levar a desvios indesejados e, portanto, toma medidas para criar um mapa detalhado que oriente cada passo. Por exemplo, imagine alguém que está iniciando um novo projeto no trabalho. A falta de planejamento pode resultar em tarefas mal distribuídas, prazos perdidos e resultados abaixo do esperado. A pessoa disciplinada, no entanto, estabelece metas específicas, identifica os recursos necessários, cria um plano de ação passo a passo e antecipa possíveis desafios, transformando a incerteza em uma rota clara para o sucesso.

A criação de um cronograma realista é um aspecto crucial da disciplina diante da falta de planejamento. Assim como um navegador que leva em consideração as condições meteorológicas e as características do terreno, a pessoa disciplinada avalia realisticamente o tempo necessário para cada etapa do caminho. Suponha que alguém esteja se preparando para uma maratona. A falta de planejamento na rotina de treinos pode levar a lesões e desmotivação. A disciplina, nesse contexto, se manifesta na criação de um cronograma de treinos equilibrado, respeitando os limites do corpo e garantindo uma preparação gradual e consistente.

A definição de marcos é outra prática disciplinada que ajuda a manter o curso em meio à falta de planejamento. Estabelecer metas intermediárias proporciona oportunidades para avaliação e ajustes. Sem marcos claros, a jornada pode parecer interminável e desmotivadora. A pessoa disciplinada, porém, divide a jornada em etapas mensuráveis e celebra cada conquista. Voltando ao exemplo do projeto no trabalho, a definição de marcos pode ser a conclusão bem-sucedida de cada fase, garantindo que o progresso seja reconhecido e mantendo a disciplina em alta.

A falta de planejamento muitas vezes resulta em ações reativas, onde somos levados pelos acontecimentos em vez de conduzir o leme de nossa própria vida. A pessoa disciplinada, ao contrário, assume o comando do leme, ajustando o curso conforme necessário para alcançar as metas estabelecidas. Ao criar um plano de ação detalhado, ela se torna a capitã de sua própria jornada, transformando a falta de planejamento em uma oportunidade para cultivar a disciplina.

Em resumo, navegar sem um plano claro é enfrentar as tormentas da vida sem uma destino seguro. A pessoa disciplinada, no entanto, estabelece metas claras, cria planos de ação detalhados, ajusta o curso conforme necessário, desenvolve um cronograma realista e define marcos ao longo do caminho. Ao transformar a falta de planejamento em uma oportunidade para cultivar a disciplina, ela enfrenta as incertezas e emerge da jornada mais forte, mais sábia e mais determinada do que nunca. Esteja pronto para seguir adiante na jornada da disciplina, onde cada escolha é guiada por metas claras, cada passo é planejado com precisão e cada desafio é uma chance de demonstrar a verdadeira força disciplinada.

Equilibrando o Peso dos Compromissos: A Arte da Disciplina em Meio à Sobrecarga

Em nosso frenético mundo contemporâneo, a sobrecarga de compromissos é um desafio onipresente que ameaça desequilibrar a delicada dança da disciplina. A pessoa disciplinada, contudo, se torna uma mestra na arte de dizer não, estabelecer prioridades e buscar apoio quando necessário. Ao reconhecer os próprios limites e equilibrar as responsabilidades de maneira estratégica, a disciplina se mantém firme e floresce, mesmo sob o peso avassalador da sobrecarga.

A sobrecarga de compromissos é como um fardo que muitos carregam diariamente. As demandas profissionais, responsabilidades familiares, compromissos sociais e busca por desenvolvimento pessoal se acumulam, formando uma montanha íngreme de tarefas aparentemente intransponível. A pessoa disciplinada, entretanto, compreende que a chave para superar esse desafio está na habilidade de dizer não com sabedoria.

Vejamos o exemplo de alguém que trabalha em um ambiente corporativo. A sobrecarga de compromissos nesse contexto pode se manifestar em prazos apertados, reuniões intermináveis e demandas incessantes. A pessoa disciplinada, ao invés de sucumbir à pressão esmagadora, aprende a avaliar cada solicitação, reconhecendo os limites de sua capacidade. Dizer não a tarefas desnecessárias ou que ultrapassem os limites do tempo disponível não é um sinal de fraqueza, mas sim de discernimento disciplinado.

Estabelecer prioridades é outra prática disciplinada que mantém o equilíbrio frente à sobrecarga de compromissos. A pessoa disciplinada entende que nem todas as tarefas têm a mesma importância e, portanto, investe tempo e energia onde realmente importa. Ao definir claramente as prioridades, ela assegura que o peso dos compromissos não se torne esmagador. Por exemplo, alguém que busca avançar na carreira pode dar prioridade a projetos estratégicos em vez de se dispersar em tarefas menos relevantes.

Buscar apoio quando necessário é uma habilidade valiosa que a pessoa disciplinada utiliza para equilibrar o peso dos compromissos. Muitas vezes, tentamos carregar o fardo sozinhos, temendo parecer incapazes. No entanto, a disciplina se revela na humildade de reconhecer quando é hora de pedir ajuda. Um exemplo prático seria alguém que está gerenciando um projeto complexo. Em vez de tentar realizar todas as etapas sozinho, a pessoa disciplinada delega tarefas, construindo uma equipe eficiente que compartilha o fardo e fortalece o resultado final.

Ao reconhecer os próprios limites, a pessoa disciplinada estabelece um equilíbrio cuidadoso entre os compromissos, evitando que o peso se torne avassalador. Isso não significa uma fuga das responsabilidades, mas sim uma abordagem estratégica para garantir que cada compromisso seja gerenciado com eficácia e sem sacrificar o equilíbrio vital.

É como navegar por um mar tempestuoso, onde cada onda de compromisso é enfrentada com destreza e coragem disciplinada.

A sobrecarga de compromissos pode ser um fardo avassalador, mas a pessoa disciplinada transforma esse desafio em uma oportunidade de cultivar a arte de dizer não com discernimento, estabelecer prioridades com sabedoria e buscar apoio quando necessário. Nessa dança delicada entre responsabilidades, ela mantém não apenas o equilíbrio, mas também a resiliência necessária para enfrentar cada novo desafio equilibrando habilmente as complexidades da vida diária.

Encarando o Medo do Fracasso: A Disciplina como Luz na Escuridão das Conquistas

O medo do fracasso paira como uma sombra sinistra sobre as aspirações e conquistas. A pessoa disciplinada, entretanto, não permite que essa sombra obscureça o caminho. Ela encara o medo do fracasso de frente, reconhecendo que as falhas são oportunidades de aprendizado. Ao mudar a perspectiva em relação ao fracasso, cultivar a resiliência e buscar apoio emocional, a sombra do medo desaparece diante da luz radiante da disciplina.

O medo do fracasso, muitas vezes, é alimentado por uma visão distorcida de que as falhas são inaceitáveis e representam uma derrota definitiva. A pessoa disciplinada, porém, compreende que o caminho para o sucesso está repleto de desafios e obstáculos, incluindo falhas ocasionais. Tome o exemplo de alguém que está iniciando um novo empreendimento. O medo do fracasso pode se tornar paralisante, impedindo a tomada de decisões importantes. A pessoa disciplinada, ao contrário, abraça o risco, entendendo que cada revés é uma oportunidade de aprendizado. Ela não encara o fracasso como um destino final, mas sim como uma curva na estrada que exige ajustes e correções de curso.

Mudar a perspectiva em relação ao fracasso é uma prática fundamental da pessoa disciplinada. Em vez de temer as falhas, ela as encara como degraus necessários na escada do sucesso. A escritora J.K. Rowling, por exemplo, enfrentou uma série de rejeições antes de ter sucesso com a série "Harry Potter". Em vez de ser derrotada pelo medo do fracasso, ela canalizou sua disciplina para perseverar, aprender com as críticas e aprimorar sua arte. Assim, a sombra do medo se dissolveu diante da luz da disciplina, revelando uma jornada marcada por conquistas duradouras.

Cultivar a resiliência é outra habilidade distintiva da pessoa disciplinada diante do medo do fracasso. Em vez de desmoronar diante de um revés, ela se levanta com determinação renovada. Thomas Edison, o inventor da lâmpada elétrica, enfrentou inúmeras tentativas mal-sucedidas antes de alcançar o sucesso. Sua resiliência diante do fracasso é um exemplo inspirador de como a pessoa disciplinada utiliza as derrotas como trampolins para o sucesso.

A resiliência, nesse contexto, torna-se uma luz que dissipa a sombra do medo.

Buscar apoio emocional é uma prática valiosa para a pessoa disciplinada que enfrenta o medo do fracasso. Ao compartilhar suas preocupações com amigos, familiares ou mentores, ela encontra apoio e perspectivas valiosas. O apoio emocional proporciona uma rede de segurança quando o caminho parece íngreme e desafiador. Imagine alguém que está prestes a fazer uma apresentação importante. O medo do fracasso pode ser esmagador, mas ao buscar apoio emocional, essa pessoa encontra encorajamento e conselhos que dissipam a sombra do medo, permitindo que a disciplina brilhe intensamente.

Em suma, o medo do fracasso é uma sombra que paira sobre todos nós, mas a pessoa disciplinada não permite que essa sombra impeça suas conquistas. Ao encarar o medo de frente, mudar a perspectiva em relação ao fracasso, cultivar a resiliência e buscar apoio emocional, ela transforma a escuridão em luz. Cada falha se torna um degrau, cada revés uma oportunidade de aprendizado. Na jornada da disciplina, a luz brilhante da determinação dissipa as sombras do medo, revelando um caminho iluminado por conquistas duradouras e crescimento pessoal contínuo.

Navegando Pelas Águas da Solidão: A Disciplina como Bússola para Conexões Significativas

O isolamento social é como uma tempestade silenciosa que desafia a resiliência disciplinada, mas a pessoa disciplinada, em sua jornada, encontra na disciplina uma bússola para navegar pelas águas turbulentas da solidão. Ela busca conexões significativas, compartilha desafios e conquistas, e encontra apoio em comunidades disciplinadas. Ao construir uma rede de apoio, o isolamento é substituído pela força coletiva.

A solidão que acompanha o isolamento social pode se tornar uma barreira significativa para a disciplina. A pessoa disciplinada, entretanto, compreende que a resiliência não é uma jornada solitária. Ela busca ativamente conexões significativas, reconhecendo que compartilhar experiências e desafios é fundamental para superar a solidão. Imagine alguém que está embarcando em um novo projeto pessoal. O isolamento pode levar a dúvidas e desmotivação, mas ao conectar-se com amigos, familiares ou colegas que compartilham interesses semelhantes, a pessoa disciplinada encontra a força necessária para seguir adiante.

Compartilhar desafios e conquistas é uma prática valiosa da pessoa disciplinada que enfrenta o isolamento social. Ao expressar vulnerabilidade e compartilhar sucessos, ela constrói laços mais profundos com os outros e cria um ambiente de apoio mútuo. Analise o exemplo de alguém que está adotando um estilo de vida mais saudável. O isolamento social pode ser um desafio, mas ao compartilhar os altos e baixos com um grupo de apoio online ou com amigos, a pessoa disciplinada encontra encorajamento, conselhos e até mesmo novas estratégias para superar obstáculos.

Buscar apoio em comunidades disciplinadas é uma estratégia poderosa para lidar com o isolamento social. Essas comunidades podem ser encontradas em diversos contextos, como clubes, grupos de estudo, ou plataformas online. A pessoa disciplinada entende que fazer parte de uma comunidade que valoriza a disciplina proporciona motivação adicional e oferece a oportunidade de aprender com a experiência dos outros. Ao compartilhar objetivos e desafios com membros de uma comunidade disciplinada, a solidão é gradualmente substituída pela força coletiva.

O isolamento social é uma solidão que desafia a resiliência disciplinada, mas a pessoa disciplinada supera essa tempestade silenciosa. Ela busca ativamente companhia, compartilha desafios e conquistas, e encontra apoio em comunidades disciplinadas. Ao construir uma rede de apoio sólida, a solidão é transformada em uma jornada compartilhada, dissipando as sombras do isolamento e fortalecendo a resiliência disciplinada.

Cultivando a Disciplina: Da Terra sem Sementes ao Jardim Frutífero

A falta de hábitos disciplinares é como uma terra árida e sem sementes, incapaz de colher frutos. A pessoa disciplinada compreende que a disciplina é um processo gradual de semear e cultivar hábitos saudáveis. Assim como um jardineiro que transforma uma terra negligenciada em um oásis florido, a pessoa disciplinada inicia gradualmente, incorpora hábitos um de cada vez e celebra as pequenas vitórias ao longo do caminho.

Em uma terra sem sementes, a pessoa indisciplinada pode sentir-se perdida, sem direção ou propósito claro. No entanto, a pessoa disciplinada enxerga a falta de hábitos disciplinares como uma oportunidade para semear as sementes do crescimento pessoal. Considere o exemplo de alguém que deseja adotar o hábito da leitura diária. Iniciar com apenas alguns minutos por dia é como plantar as primeiras sementes em solo fértil. Essa prática consistente, ainda que pequena, cria raízes que se aprofundam ao longo do tempo.

O processo de incorporar hábitos disciplinares é uma jornada de autodescoberta e ajustes constantes. A pessoa disciplinada reconhece que o caminho para a disciplina é construído um tijolo de cada vez. Ao estabelecer metas realistas, ela cria alicerces sólidos para seus hábitos. Imagine alguém que deseja adotar o hábito de exercitar-se regularmente. Iniciar com uma caminhada curta diária é como plantar as sementes desse hábito. Conforme a jornada avança, a pessoa disciplinada ajusta o ritmo e a intensidade, permitindo que o hábito floresça em algo duradouro.

Celebrar as pequenas vitórias é uma prática distintiva da pessoa disciplinada diante da falta de hábitos disciplinares. Cada passo, mesmo que aparentemente insignificante, é uma conquista a ser valorizada. Considere alguém que está aprendendo a tocar um instrumento musical. Tocar uma melodia simples no início pode parecer modesto, mas a pessoa disciplinada enxerga nisso uma vitória a ser celebrada. Essas celebrações não apenas fortalecem a motivação, mas também alimentam o solo para o crescimento contínuo dos hábitos disciplinares.

Estabelecer rotinas disciplinares é uma estratégia eficaz para transformar a terra sem sementes em um jardim frutífero. A pessoa disciplinada entende que as rotinas fornecem a estrutura necessária para o florescimento dos hábitos. Imagine alguém que deseja adotar o hábito de escrever regularmente. Estabelecer uma rotina diária de escrita, mesmo que seja por alguns minutos, cria um ambiente propício para o desenvolvimento desse hábito. A consistência na prática, sustentada por rotinas disciplinares, é como regar as sementes plantadas, garantindo que cresçam de maneira saudável.

Ajustar as rotinas conforme necessário é uma habilidade valiosa da pessoa disciplinada diante da falta de hábitos disciplinares. Ela reconhece que a jornada da disciplina é dinâmica, exigindo flexibilidade e adaptação. Se, por exemplo, a pessoa disciplinada enfrenta dificuldades em manter um hábito específico devido a mudanças na agenda, ela ajusta a rotina para garantir que a disciplina permaneça uma prioridade.

A falta de hábitos disciplinares é como uma terra sem sementes, mas a pessoa disciplinada, com sua sabedoria de jardineiro, transforma essa terra árida em um jardim frutífero. Ela inicia gradualmente, incorpora hábitos um de cada vez, celebra as pequenas vitórias, estabelece rotinas disciplinares e ajusta-as conforme necessário. Cada hábito disciplinar cultivado é uma flor que desabrocha, colorindo o jardim da vida com a beleza duradoura da autodisciplina.

Caminhando Além da Sombra: A Disciplina na Jornada Pessoal

A comparação com outros é uma armadilha sutil que desencadeia uma corrida sem fim, muitas vezes obscurecendo o verdadeiro significado da disciplina. A pessoa disciplinada, ciente dessa armadilha, valoriza sua própria jornada, define seus próprios padrões e busca inspiração sem cair na armadilha da competição. Ao focar no crescimento pessoal, a disciplina prospera além das comparações.

A armadilha da comparação é frequentemente alimentada pela sociedade moderna, onde as redes sociais exibem as conquistas e aparentes sucessos dos outros de forma constante. No entanto, a pessoa disciplinada reconhece que essa comparação é como uma sombra que obscurece a luz de suas próprias realizações. Considere o exemplo de alguém que está buscando avançar na carreira. Em vez de se perder na corrida da competição constante com colegas de trabalho, a pessoa disciplinada define suas próprias metas e padrões de sucesso, concentrando-se na construção de um caminho significativo.

A busca incessante por superar os outros pode criar um ciclo de insatisfação constante. No entanto, a pessoa disciplinada entende que essa é uma estrada que leva a lugar nenhum. Ela valoriza cada passo em sua própria jornada, reconhecendo que a verdadeira competição é consigo mesma.

A disciplina floresce quando a pessoa valoriza a jornada pessoal e define seus próprios padrões de sucesso. Em uma cultura que muitas vezes nos empurra para a competição desenfreada, a pessoa disciplinada encontra inspiração sem perder de vista sua própria autenticidade. Considere alguém que está se dedicando à prática de um esporte. Ao invés de comparar seu desempenho com o de outros atletas, a pessoa disciplinada concentra-se em superar seus próprios limites, encontrando motivação na busca por sua melhor versão.

A armadilha da comparação pode gerar uma mentalidade de escassez, onde a pessoa acredita que o sucesso é limitado e que a vitória de outra pessoa implica automaticamente em sua própria derrota. A pessoa disciplinada transcende essa mentalidade, entendendo que o sucesso é abundante e pessoal. Ela celebra as conquistas dos outros como fonte de inspiração, sem sentir que isso diminui seu próprio valor. Imaginem colegas de trabalho em um ambiente corporativo; a pessoa disciplinada enxerga as promoções dos outros como estímulos para aprimorar suas próprias habilidades, promovendo um ambiente de colaboração e crescimento coletivo.

Ao focar no crescimento pessoal, a disciplina floresce além das comparações. A pessoa disciplinada compreende que a jornada pessoal é única e que cada passo dado é uma conquista digna de reconhecimento. Ao invés de entrar na corrida interminável da competição com os outros, ela cria uma trilha própria, guiada por seus valores e objetivos. Na jornada da disciplina, a luz da autenticidade brilha intensamente, dissolvendo as sombras da comparação e revelando um caminho iluminado pela verdadeira realização pessoal.

Navegando nas Tempestades: A Disciplina como Bússola na Adversidade

Em meio a um ambiente desfavorável, comparável a uma tempestade que desafia a navegação disciplinada, a pessoa disciplinada emerge como a capitã destemida que molda seu próprio destino. Essa tempestade pode assumir várias formas, seja no contexto profissional, acadêmico ou pessoal, mas a pessoa disciplinada não permite que as condições adversas a desviem de seus objetivos. Em vez disso, ela adapta o ambiente ao seu redor, minimizando distrações e criando um espaço propício à disciplina.

Imagine alguém que busca avançar em sua carreira profissional, mas enfrenta um ambiente de trabalho altamente competitivo e desmotivador. A pessoa disciplinada não se deixa abater pela tempestade dessa realidade. Em vez disso, ela transforma esse desafio em uma oportunidade de crescimento. Estabelece metas claras, cria um plano de ação estratégico e mantém o foco mesmo diante das adversidades no trabalho. O ambiente hostil torna-se um terreno fértil para o desenvolvimento da disciplina.

No cenário acadêmico, onde a pressão por desempenho muitas vezes se assemelha a uma tempestade constante, a pessoa disciplinada navega com destreza. Em vez de sucumbir à pressão e ao estresse, ela utiliza esses desafios como combustível para a disciplina. Estabelece hábitos de estudo consistentes, gerencia o tempo de forma eficaz e transforma o ambiente acadêmico desafiador em um campo de treinamento para a resiliência.

No âmbito pessoal, quando enfrentamos tempestades emocionais ou relacionamentos complicados, a pessoa disciplinada se destaca como a arquiteta de seu próprio destino. Em um ambiente desfavorável, ela busca o equilíbrio emocional, pratica a auto-reflexão e estabelece limites saudáveis. Transforma relacionamentos tóxicos em oportunidades para desenvolver habilidades de comunicação e assertividade. O ambiente adverso serve como uma arena de treinamento para o florescimento da disciplina pessoal.

Ao moldar o entorno, a pessoa disciplinada cria um espaço propício à disciplina. Isso muitas vezes envolve a eliminação de distrações desnecessárias que podem impedir o progresso. Em um mundo digital, onde as notificações incessantes competem por nossa atenção, a pessoa disciplinada pode decidir estabelecer períodos específicos para verificar mensagens e redes sociais. Ao minimizar distrações, ela garante que o ambiente ao seu redor seja um aliado na busca de seus objetivos, em vez de um obstáculo.

A pessoa disciplinada também utiliza estratégias para otimizar seu espaço físico. Em um ambiente de trabalho desorganizado, ela pode implementar práticas de organização, criar listas de tarefas e definir prioridades. Essas ações estabelecem uma atmosfera que favorece a concentração e a eficácia.

A navegação disciplinada em um ambiente desfavorável não significa evitar desafios, mas sim transformá-los em oportunidades para crescimento. A pessoa disciplinada reconhece que, assim como um capitão hábil ajusta as velas para aproveitar o vento, ela pode moldar seu ambiente para favorecer a disciplina. Essa abordagem proativa permite que ela enfrente as tempestades e as transforma em aliadas na busca por seus objetivos. Em última análise, a disciplina é a bússola confiável que guia a pessoa disciplinada, não importa quão intensa seja a tempestade que se desenha no horizonte.

Através da Escuridão: A Disciplina como Estrela Guia na Ausência de Recompensas Visíveis

A ausência de recompensas visíveis é como uma noite sem estrelas, desafiando a orientação disciplinada. A pessoa disciplinada, diante dessa escuridão, não se perde no vazio da falta de gratificação imediata. Em vez disso, ela reconhece as recompensas intrínsecas, celebra as conquistas que não são necessariamente visíveis aos olhos externos, e busca a satisfação no próprio processo. Ao encontrar a luz nas pequenas vitórias, a disciplina ilumina a escuridão.

Num contexto profissional, onde os resultados muitas vezes exigem tempo para se manifestar, a pessoa disciplinada entende que o sucesso não é instantâneo. Imagine alguém que está construindo uma carreira sólida. Em um estágio inicial, pode não haver promoções ou reconhecimentos substanciais. No entanto, a pessoa disciplinada enxerga o aprendizado contínuo, o desenvolvimento de habilidades e a construção de uma base sólida como recompensas intrínsecas. Esses são os pilares que sustentarão o sucesso futuro.

No âmbito acadêmico, a ausência de recompensas visíveis pode se manifestar ao longo de um longo período de estudo. A pessoa disciplinada, ao invés de se desmotivar pela falta de notas instantaneamente gratificantes, foca na jornada do aprendizado. Cada hora dedicada ao estudo, cada conceito compreendido, são recompensas que alimentam a motivação contínua. A luz dessa disciplina interior é suficiente para guiar o caminho mesmo nas noites mais escuras.

No contexto pessoal, a ausência de recompensas visíveis pode ser sentida em empreendimentos como a busca por hábitos saudáveis. Por exemplo, alguém que adota uma rotina regular de exercícios pode não perceber mudanças imediatas no corpo. A pessoa disciplinada, no entanto, valoriza a sensação de bem-estar, a energia renovada e os ganhos a longo prazo na saúde como recompensas intrínsecas. Essas conquistas muitas vezes não são percebidas por outros, mas são estrelas que brilham no firmamento da disciplina pessoal.

Ao enfrentar a noite sem estrelas, a pessoa disciplinada não subestima o poder das recompensas intrínsecas. Essas recompensas, muitas vezes sutis e não diretamente visíveis, alimentam a motivação a longo prazo. É como a persistência em aprender um novo instrumento musical. No início, pode não haver plateias aplaudindo, mas a pessoa disciplinada encontra satisfação na melhoria constante, no domínio de novas peças e na alegria intrínseca de fazer música.

A celebração das pequenas vitórias é uma prática fundamental da pessoa disciplinada. Cada passo em direção a um objetivo, não importa quão pequeno, é uma estrela que brilha na escuridão da falta de recompensas visíveis. Em um projeto de escrita, por exemplo, onde o reconhecimento pode ser demorado, a pessoa disciplinada celebra cada capítulo concluído, cada parágrafo refinado como um progresso tangível.

A disciplina ilumina a escuridão não apenas através de recompensas intrínsecas, mas também ao encontrar gratificação no próprio processo. A pessoa disciplinada entende que a jornada é tão valiosa quanto o destino. Se está construindo uma carreira, estudando para um exame, ou aprimorando a saúde física, a jornada em si é repleta de momentos que merecem ser valorizados. Esses momentos, muitas vezes, são as estrelas invisíveis que orientam o caminho, mesmo quando a noite parece interminável.

Cultivando o Oásis da Disciplina no Deserto da Falta de Autodisciplina

A falta de autodisciplina é como um deserto vasto, árido e implacável, onde a busca por consistência e sucesso é árdua. Entretanto, a pessoa disciplinada não enxerga esse deserto como uma sentença de fracasso; em vez disso, ela vê um terreno desafiador a ser transformado em um oásis de constância. Desenvolver a autodisciplina é a chave para essa transformação, e a pessoa disciplinada entende que isso é alcançado através da prática consistente, definição de metas realistas e celebração de progressos.

Imagine alguém que deseja adotar uma rotina de exercícios diários, mas está atolado na falta de autodisciplina. A pessoa disciplinada não se permite ser desencorajada pelo deserto inicial de inércia. Em vez disso, ela começa com pequenos passos, talvez com uma caminhada curta a cada dia. Com o tempo, esse deserto transforma-se em um solo fértil para a prática regular de exercícios, tornando-se um oásis de vitalidade e saúde.

No contexto acadêmico, onde a autodisciplina é crucial, imagine um estudante que luta para manter uma rotina de estudo consistente. A pessoa disciplinada reconhece que o deserto inicial de procrastinação pode ser transformado por meio da definição de metas realistas. Ela estabelece um plano de estudo alcançável, dividindo as tarefas em partes gerenciáveis. Com essa abordagem, o deserto se torna um terreno propício para o florescimento do aprendizado e da autodisciplina acadêmica.

Na esfera profissional, a falta de autodisciplina pode ser uma barreira significativa para a produtividade. Um profissional disciplinado, ao enfrentar esse desafio, cria um plano de trabalho estruturado. Define metas realistas para o dia, estabelece prazos para tarefas específicas e celebra pequenos sucessos ao longo do caminho. O deserto inicial de desorganização é transformado em um oásis de eficiência e excelência profissional.

A pessoa disciplinada compreende que a autodisciplina não é um dom inato, mas sim uma habilidade que pode ser cultivada. Assim como um jardineiro trabalha para transformar a aridez do solo em um oásis de cores e fragrâncias, a pessoa disciplinada pratica a autodisciplina de forma consistente. A celebração de progressos é uma ferramenta essencial na jornada para desenvolver a autodisciplina. Ao invés de se fixar apenas nas metas finais, a pessoa disciplinada valoriza cada passo na direção certa. Por exemplo, alguém que está tentando desenvolver a autodisciplina financeira pode começar por economizar pequenas quantias regularmente. Cada economia é um oásis de progresso, transformando gradualmente o deserto inicial de gastos impulsivos em um terreno seguro de responsabilidade financeira.

O processo de transformar o deserto da falta de autodisciplina em um oásis de constância é contínuo. A pessoa disciplinada compreende que, assim como a natureza leva tempo para transformar um deserto em um jardim exuberante, a autodisciplina requer paciência e prática consistente. Ao enfrentar o desafio da falta de autodisciplina com essa mentalidade, a pessoa disciplinada transforma a si mesma, cultivando um oásis de constância em meio à jornada da vida.

Desmotivação por Resultados Lentos: O Rio que Fluí Devagar

Imagine-se diante de um rio calmo, onde a água flui em um ritmo sereno, aparentemente sem pressa. A desmotivação por resultados lentos pode se assemelhar a essa corrente tranquila, desafiando a paciência da pessoa disciplinada. No entanto, ao invés de se deixar abalar pela aparente lentidão, a pessoa disciplinada compreende que o progresso gradual é uma parte essencial da jornada, assim como o rio que flui devagar molda paisagens ao longo do tempo.

Considere alguém que embarca em uma jornada de perda de peso. A pessoa disciplinada estabelece metas realistas, reconhecendo que o processo de transformação física é como o fluxo lento de um rio. Ao invés de se desmotivar pelos resultados que não surgem imediatamente, ela celebra as pequenas mudanças. O peso que diminui lentamente é comparável ao curso paciente do rio, moldando um novo cenário físico ao longo do tempo.

Na esfera profissional, a desmotivação por resultados lentos pode surgir quando os objetivos de carreira parecem distantes. Um profissional disciplinado, entretanto, adota uma mentalidade de longo prazo. Ao investir consistentemente em habilidades e construir uma reputação sólida, ele reconhece que a ascensão profissional é como o rio que, mesmo fluindo devagar, cria valiosos meandros ao longo do percurso.

A disciplina se torna uma bússola confiável ao enfrentar a desmotivação por resultados lentos na busca por aprimoramento acadêmico. Em vez de buscar gratificação instantânea, a pessoa disciplinada estabelece hábitos de estudo consistentes. Assim como o rio que, ao longo do tempo, esculpe seu caminho na rocha, a disciplina nos estudos cria um alicerce sólido para o conhecimento duradouro.

Na gestão financeira, a desmotivação por resultados lentos pode ocorrer quando os investimentos não geram retornos rápidos. O investidor disciplinado, por sua vez, adota uma perspectiva de crescimento a longo prazo. Ele entende que os resultados lentos são como o rio que, ao longo do tempo, cria vales profundos e duradouros. Ao persistir nos hábitos de investimento disciplinados, os retornos crescem como a corrente do rio, moldando um futuro financeiro robusto.

A desmotivação por resultados lentos é um obstáculo comum, mas a pessoa disciplinada vê além da aparente estagnação. Ela compreende que, assim como o rio que flui devagar esculpe paisagens magníficas, o progresso gradual é a chave para realizações duradouras. Ao manter o foco no processo, celebrar os avanços pequenos e manter a visão de longo prazo, a disciplina cria um cenário espetacular de conquistas ao longo do caminho.

Falta de Resiliência: A Árvore sem Raízes Profundas

Imaginem uma árvore majestosa, cujos galhos se estendem para o céu. Essa árvore, como a resiliência disciplinada, tem raízes profundas que a ancoram, proporcionando estabilidade mesmo nos ventos mais fortes da adversidade.

Na jornada da vida, a falta de resiliência pode se assemelhar a uma árvore cujas raízes são superficiais, incapazes de suportar tempestades. Uma pessoa disciplinada compreende que a resiliência é a chave para resistir aos vendavais da vida. Quando enfrenta desafios, ela utiliza a disciplina como ferramenta para cultivar raízes profundas, garantindo que sua força interior permaneça inabalável.

Considere um empreendedor que, diante de fracassos nos negócios, encontra na disciplina a base para sua resiliência. Em vez de sucumbir à desilusão, ele aprende com as derrotas, ajusta estratégias e persiste com determinação. Essa resiliência cultivada através da disciplina é a âncora que mantém o empreendedor firme, mesmo nos momentos mais desafiadores.

Na esfera acadêmica, a falta de resiliência pode ser um obstáculo para o aprendizado. Um estudante disciplinado enfrenta reveses acadêmicos com uma abordagem construtiva. Ele não vê os obstáculos como barreiras intransponíveis, mas como oportunidades de crescimento. A resiliência disciplinada, nesse contexto, é como as raízes profundas que permitem ao estudante resistir aos temporais acadêmicos.

Nos relacionamentos, a falta de resiliência pode abalar as bases da convivência. Um indivíduo disciplinado enfrenta desafios interpessoais com empatia, comunicação eficaz e comprometimento. Em vez de se abalar diante de desentendimentos, ele utiliza a disciplina para fortalecer os laços afetivos, criando raízes profundas que resistem aos ventos turbulentos das relações.

No ambiente profissional, a resiliência disciplinada é exemplificada por um colaborador que, diante de obstáculos no trabalho, mantém uma atitude positiva e proativa. Ele não se deixa abater por contratempos, ele utiliza a disciplina como alicerce para enfrentar desafios com coragem e persistência. Essa resiliência sustenta sua jornada profissional, independentemente das tempestades corporativas.

A falta de resiliência pode ser comparada a uma árvore sem raízes profundas, oscilando ao menor sopro de vento. A pessoa disciplinada entende que a resiliência é cultivada diariamente, por meio de escolhas e atitudes conscientes. Assim como a árvore com raízes profundas permanece firme diante das tempestades, a disciplina é a força que confere solidez à resiliência, tornando-a um elemento essencial na jornada de crescimento pessoal e superação de desafios.

Desconexão com Objetivos Pessoais: A Bússola Desgarrada

Imagine uma bússola desgarrada, girando sem rumo, incapaz de apontar na direção certa. Essa imagem reflete a sensação de desconexão com objetivos pessoais, um desafio que a disciplina aborda com maestria. Uma pessoa disciplinada é como um navegador que, mesmo diante de mares agitados, mantém sua bússola ajustada, alinhada aos seus objetivos pessoais.

Considere um profissional que, ao longo do tempo, se vê desmotivado e desconectado de seus objetivos de carreira. A disciplina surge como a ferramenta que o conduz de volta ao curso desejado. Ele reserva tempo para reflexão, redefine metas alinhadas aos seus valores e implementa uma rotina disciplinada para alcançar esses objetivos. Essa conexão reestabelecida é a bússola que guia suas escolhas profissionais de maneira disciplinada.

Na esfera educacional, um estudante disciplinado enfrenta o desafio da desconexão com seus objetivos acadêmicos. Em vez de se perder na falta de motivação, ele recorre à disciplina para reavaliar seus objetivos, definir metas claras e adotar hábitos de estudo consistentes. Essa bússola disciplinada o orienta na jornada educacional, mantendo-o focado e conectado aos seus propósitos.

Nos relacionamentos, a desconexão com objetivos pessoais pode abalar a harmonia. Um indivíduo disciplinado, ao perceber que a relação não está alinhada com seus objetivos e valores, utiliza a disciplina como meio de comunicação eficaz. Ele estabelece diálogos construtivos, redefine expectativas e trabalha em conjunto para manter a conexão com objetivos compartilhados

No contexto da saúde, a desconexão com objetivos pessoais pode levar a hábitos prejudiciais. Um indivíduo disciplinado reconhece a importância de alinhar seus comportamentos com seus objetivos de saúde. Ele adota uma rotina disciplinada de exercícios, alimentação balanceada e gestão do estresse, mantendo-se conectado aos seus objetivos de bem-estar. A desconexão com objetivos pessoais pode ser comparada a uma bússola desgarrada que perde o norte. A pessoa disciplinada, ao perceber essa desconexão, não hesita em realinhar sua bússola interna. Ela compreende que a disciplina não é apenas a agulha que aponta o caminho, mas também a força que a mantém conectada aos seus objetivos. Assim, a jornada da vida se torna uma navegação disciplinada, guiada por uma bússola alinhada aos valores e metas pessoais.

Falta de Celebração de Conquistas: A Festa que Nunca Acontece

Na jornada da vida disciplinada, a falta de celebração de conquistas é como uma festa que nunca acontece, deixando a trajetória árdua e carente de alegria. Imagine um estudante que, ao obter uma boa nota em uma prova, simplesmente passa para a próxima tarefa sem reconhecer o mérito do seu esforço. A pessoa disciplinada compreende a importância de celebrar cada vitória, pois reconhece que essa celebração alimenta a motivação e fortalece o compromisso.

Considere um profissional que atinge uma meta estabelecida. A falta de celebração pode transformar essa conquista significativa em apenas mais uma etapa, sem o devido reconhecimento. A pessoa disciplinada, ao contrário, organiza uma pequena celebração, talvez compartilhando o sucesso com colegas, familiares ou até mesmo consigo mesma. Essa festa íntima torna-se um combustível adicional para a próxima fase da jornada.

Nas relações interpessoais, a falta de celebração pode minar a construção de laços fortes. Uma pessoa disciplinada que alcança um marco em um relacionamento, seja pessoal ou profissional, valoriza a celebração como uma forma de reconhecimento mútuo. Seja um aniversário, uma conquista profissional ou um simples gesto de amizade, a celebração reforça os laços e fortalece a relação.

No âmbito da saúde, imagine alguém que adota uma rotina disciplinada de exercícios e nutrição. Se essa pessoa não celebrar os pequenos progressos, como superar uma meta de corrida ou manter uma dieta equilibrada por uma semana, a jornada pode tornar-se monótona. A pessoa disciplinada reconhece essas realizações, talvez recompensando-se com um momento de lazer ou um pequeno agrado, transformando a disciplina em uma celebração contínua da saúde.

A falta de celebração de conquistas pode transformar uma jornada disciplinada em uma trilha árida, sem a alegria que deveria acompanhá-la. A pessoa disciplinada, ao contrário, organiza festas frequentes, mesmo que pequenas, ao longo do caminho. Essas celebrações marcam o progresso e infundem a jornada com um espírito de agradecimento e satisfação. Cada conquista, por menor que seja, merece ser celebrada, e essa celebração torna-se a música que embala a dança constante da vida disciplinada.

Descrença na Própria Capacidade: O Espelho que Reflete Dúvidas

Na jornada da vida disciplinada, a descrença na própria capacidade age como um espelho que reflete dúvidas, desafiando a confiança disciplinada. Imagine alguém que enfrenta um novo desafio profissional e se depara com a voz interna que sussurra: "Você não é capaz." A pessoa disciplinada, ao contrário, compreende que essa descrença é apenas um reflexo temporário no espelho da autoconfiança.

A pessoa disciplinada, ao invés de aceitar passivamente esse reflexo de incerteza, busca recursos adicionais. Ela transforma o espelho em uma fonte de aprendizado, refletindo não apenas as dúvidas, mas também o potencial para superá-las.

Nos relacionamentos, a descrença na própria capacidade pode se manifestar quando alguém duvida de sua habilidade de construir e manter conexões significativas. A pessoa disciplinada, ao invés de se deixar levar pelo espelho que reflete inseguranças, investe na comunicação, na empatia e no desenvolvimento pessoal. Ela transforma o espelho em um aliado na jornada de fortalecimento dos laços interpessoais.

A descrença na própria capacidade não é mais do que um reflexo momentâneo, distorcido pela autocrítica e pela insegurança. A pessoa disciplinada entende que pode moldar esse espelho, transformando-o em uma ferramenta de autoempoderamento. Ela nutre a autoconfiança com afirmações positivas, aprendizado contínuo e superação de desafios. Assim, o espelho que antes refletia dúvidas torna-se um instrumento que reflete uma imagem de força, resiliência e determinação. A disciplina, nesse contexto, emerge como o pincel que molda essa imagem de confiança e autoafirmação.

Capítulo 5

A Disciplina como Exemplo

Bem-vindo ao capítulo empolgante e inspirador dos "Estudos de Caso Inspiradores". Aqui, mergulharemos em narrativas reais de pessoas comuns que, por meio da disciplina, transformaram desafios aparentemente intransponíveis em triunfos notáveis. Essas histórias não são apenas relatos de sucesso; são testemunhos vivos da incrível influência que a disciplina pode exercer sobre nossas vidas.

Ao explorar esses estudos de caso, convido você a se deixar envolver pelas jornadas de indivíduos extraordinários que abraçaram a disciplina como uma aliada inseparável em seus caminhos. Cada história é um mapa iluminado, delineando os passos dados por aqueles que transformaram sonhos em realizações tangíveis, evidenciando que a disciplina é uma ferramenta poderosa e acessível para todos.

Estes não são contos distantes; são exemplos palpáveis de como a disciplina pode ser a força motriz que impulsiona uma vida em direção ao sucesso. Ao nos envolvermos nessas narrativas, buscaremos inspiração para nossas próprias jornadas, compreendendo que, independentemente de nossas circunstâncias atuais, a disciplina tem o poder de moldar destinos.

Prepare-se para ser cativado por histórias repletas de determinação, resiliência e triunfos pessoais. Ao visualizar esses exemplos concretos, você será guiado por uma jornada que ilustra vividamente como a disciplina pode ser a chave para desbloquear o potencial extraordinário dentro de cada um de nós. Estes são mais do que casos isolados; são convites para uma reflexão profunda sobre o impacto transformador da disciplina em nossas próprias vidas. Afinal, cada história é uma centelha luminosa, indicando que o poder da disciplina está ao alcance de todos nós.

Bruce Lee: A Disciplina que Forjou uma Lenda

A história de Bruce Lee é muito mais do que a jornada de um ícone das artes marciais; é uma saga de disciplina inabalável que transcendeu fronteiras e moldou um legado imortal. Desde tenra idade, Bruce demonstrou uma dedicação feroz às suas paixões, abraçando a filosofia de que a disciplina não era uma escolha, mas sim a essência da maestria.

Nascido em 1940 em São Francisco, Bruce Lee começou a estudar artes marciais ainda na infância, mergulhando nas tradições do kung fu. No entanto, sua busca pela excelência o levou além das fronteiras convencionais. Ele se viu desafiando as normas estabelecidas e buscando formas inovadoras de aprimorar suas habilidades.

A disciplina de Bruce não se limitava ao físico; era uma abordagem holística à vida. Ele acreditava que a mente, o corpo e o espírito deveriam estar alinhados para alcançar verdadeira maestria. Sua rotina diária envolvia treinamento físico rigoroso, estudo intensivo das filosofias orientais e uma busca constante por auto aperfeiçoamento.

Bruce Lee quebrou barreiras culturais nas artes marciais e desafiou preconceitos em Hollywood. Sua jornada para se tornar uma estrela internacional foi repleta de desafios, rejeições e obstáculos. No entanto, sua disciplina incansável o impulsionou a perseverar, e ele se tornou um ícone global, quebrando estereótipos e inspirando milhões.

A disciplina de Bruce Lee ia além da força física, ela atuava também sobre a agilidade mental e emocional. Ele desenvolveu seu próprio método, o Jeet Kune Do, que refletia sua filosofia de adaptação constante. Sua abordagem única não só influenciou as artes marciais, mas também permeou a cultura popular, tornando-se uma fonte de inspiração para a busca da autenticidade e da excelência.

A história de Bruce Lee é um testemunho eloquente de como a disciplina pode ser a força propulsora para atingir alturas aparentemente inatingíveis. Ele visualizou seus objetivos e os abraçou com uma determinação inabalável, mostrando ao mundo que a disciplina é a chave para transcender limites e alcançar a grandeza. Ao mergulharmos na vida de Bruce Lee, somos lembrados de que, com disciplina, cada um de nós tem o potencial de forjar seu próprio caminho extraordinário.

Cristiano Ronaldo: A Disciplina que Eleva o Jogo

No palco global do futebol, poucos nomes ressoam tão poderosamente quanto Cristiano Ronaldo. Sua jornada desde as ruas de Madeira, Portugal, até o pináculo do esporte é um testemunho vivo da disciplina que permeia cada passo de sua notável carreira.

Cristiano Ronaldo, nascido em 1985, não tinha o luxo de uma infância abastada. Crescendo em uma família de recursos limitados, sua paixão pelo futebol era alimentada por um desejo ardente de superar as adversidades. Desde cedo, ele reconheceu que o talento natural seria insuficiente sem uma dose generosa de disciplina.

A disciplina de Ronaldo não se manifestava apenas nos campos de treinamento, mas também na dedicação à sua saúde e condicionamento físico. Ele abraçou uma ética de trabalho incansável, comprometendo-se com os treinos regulares e com a manutenção de uma dieta rigorosa e a busca constante por formas inovadoras de otimizar seu desempenho.

Ao ingressar no Sporting CP em Portugal, o jovem Ronaldo já demonstrava uma maturidade disciplinada que impressionava treinadores e colegas. Seu movimento para o Manchester United em 2003 marcou o início de uma ascensão meteórica. Contudo, cada gol glorioso e troféu conquistado não foi o resultado do acaso, mas sim da disciplina incansável que ele injetava em cada aspecto de sua vida.

A mudança para o Real Madrid em 2009 testemunhou uma intensificação da disciplina de Ronaldo. Ele se manteve como um dos melhores jogadores do mundo e quebrou recordes consistentemente. Sua ética de trabalho, disciplina nos treinos e mentalidade focada eram inspiradoras para aspirantes a atletas e admiradores em todo o mundo.

Em 2018, Ronaldo fez outra jogada surpreendente ao se transferir para a Juventus, mantendo sua busca pela excelência em um novo cenário. Seu comprometimento com o jogo, a disciplina nos treinos e a capacidade de se adaptar continuam a ser uma fonte de inspiração, independentemente do clube que represente.

Cristiano Ronaldo não é apenas um atleta excepcional, mas um ícone global que personifica como a disciplina, aliada ao talento, pode esculpir uma lenda. Sua história nos lembra que, independentemente de nossos começos, com disciplina, determinação e um compromisso incansável com o aprimoramento constante, podemos elevar nosso jogo em qualquer campo da vida.

Soichiro Honda: A Disciplina que Impulsiona a Inovação

No vasto horizonte da indústria automotiva, poucos nomes ecoam tão ressoantemente quanto o de Soichiro Honda. Sua história, forjada nas fornalhas da perseverança e moldada pela disciplina incansável, é um farol de inspiração para aqueles que buscam entender como a dedicação pode transformar desafios em oportunidades.

Nascido em 1906 no Japão, Honda cresceu em um ambiente de humildade e recursos limitados. No entanto, sua mente inquisitiva e coração destemido rapidamente se destacaram. Desde cedo, ele compreendeu que a disciplina seria a chave para transcender as circunstâncias modestas e conquistar o extraordinário.

A disciplina de Honda não se limitava ao domínio dos estudos ou ao cumprimento de tarefas diárias; era uma abordagem holística para a vida. Sua incursão no mundo da engenharia começou como aprendiz em uma oficina de reparo de carros, mas sua sede por conhecimento o levou a frequentar cursos noturnos enquanto trabalhava durante o dia.

A verdadeira saga de Honda começou quando ele fundou a Honda Motor Company Ltda, em 1948. Seu comprometimento com a inovação e a qualidade, guiado pela disciplina incansável, resultou na criação de produtos revolucionários que desafiaram as convenções da indústria automotiva.

O lendário "Honda Cub," lançado em 1958, tornou-se um ícone de mobilidade acessível e eficiente. A disciplina de Honda não estava apenas na criação de produtos; ele também transformou a abordagem tradicional da gestão de negócios. Sua filosofia centrada nas pessoas e na valorização de seus colaboradores refletia sua compreensão profunda de que o sucesso duradouro derivava da disciplina coletiva.

Ao longo dos anos, Honda enfrentou desafios monumentais, incluindo fracassos e crises financeiras. No entanto, sua resiliência disciplinada o impulsionou a buscar soluções inovadoras e transformar obstáculos em trampolins para o sucesso futuro.

O impacto global da Honda Motor Company Ltda. é um testemunho tangível de como a disciplina, quando incorporada em todos os aspectos da vida e do trabalho, pode resultar em conquistas notáveis. A história de Soichiro Honda ecoa como um lembrete inspirador de que a disciplina molda carreiras, mas também define legados duradouros que transcendem gerações.

Tony Hawk: A Disciplina Sobre Rodas

Nos reinos do skate, um nome ressoa como uma lenda viva: Tony Hawk. Sua jornada notável de um entusiasta do skate a um ícone global é uma lição magistral sobre como a disciplina pode ser a força propulsora por trás de conquistas extraordinárias.

Nascido em 1968 na Califórnia, Tony Hawk demonstrou desde cedo uma paixão avassaladora pelo skate. No entanto, seu caminho para se tornar o "Rei do Skate" não foi pavimentado com facilidade. Hawk enfrentou desafios e obstáculos que, para muitos, poderiam ter parecido intransponíveis.

O jovem Tony Hawk mergulhou de cabeça no mundo do skate, praticando incansavelmente em meio às ruas da Califórnia. Sua disciplina não era apenas sobre a busca incessante da perfeição técnica, mas também sobre a capacidade de se levantar após cada queda. A resiliência tornou-se uma aliada constante em sua jornada.

A verdadeira reviravolta veio quando Tony Hawk se tornou o primeiro skatista a completar com sucesso o "900" durante os X Games de 1999. Esse feito histórico foi uma demonstração de habilidade extraordinária, mas principalmente uma celebração da disciplina que permeou cada aspecto de sua carreira.

Hawk era mais que um atleta talentoso, era também um empreendedor visionário. Sua visão de transformar o skate em uma atividade global e acessível se concretizou, e ultrapassou as fronteiras do esporte para se tornar uma cultura.

A disciplina de Tony Hawk não estava restrita ao skate; ela se estendia aos negócios, à filantropia e à construção de uma marca duradoura. Ele enfrentou as oscilações do mercado, e usou a disciplina para aprender com as adversidades e continuar evoluindo.

A história de Tony Hawk é uma narrativa de resiliência, perseverança e, acima de tudo, disciplina. Cada ollie, flip e manobra complexa contam a história de um homem que se dedicou incansavelmente à sua paixão. Sua jornada elevou o skate a novas alturas e inspirou gerações a perseguir seus sonhos com disciplina e determinação inabaláveis. A trajetória de Tony Hawk é uma aula magistral sobre como a disciplina impulsiona o indivíduo e deixa uma marca duradoura no mundo.

Isaac Newton: A Disciplina que Desvendou os Segredos do Universo

No vasto cosmos do conhecimento humano, poucos nomes brilham tão intensamente quanto o de Sir Isaac Newton. Sua vida é uma saga de disciplina que desvendou os mistérios fundamentais da física e da matemática, redefinindo para sempre nossa compreensão do universo.

Nascido em 1643 na Inglaterra, Newton não teve uma infância fácil. Órfão aos três anos, ele enfrentou desafios significativos, mas sua sede insaciável de conhecimento e uma disciplina inabalável o conduziram a um caminho extraordinário.

A jornada de Newton rumo à iluminação científica começou na Universidade de Cambridge, onde mergulhou nos estudos de filosofia natural e matemática. A disciplina de Newton não se limitava a cumprir o currículo acadêmico; ela o impelia a questionar, a desafiar os limites do conhecimento de sua época.

Seus anos em isolamento durante a peste bubônica foram uma oportunidade para uma concentração ainda mais profunda em seus estudos. A lendária maçã que caiu de uma árvore em Woolsthorpe, segundo a história, foi mais do que um simples evento casual; foi um catalisador para a revelação das leis do movimento e da gravidade.

A publicação de sua obra-prima, "Princípios Matemáticos da Filosofia Natural", em 1687, foi um divisor de águas na história da ciência. As três leis do movimento e a lei da gravitação universal, concebidas através de uma disciplina metódica e incansável, forneceram o alicerce para a física moderna.

A disciplina de Newton transcendeu os limites da academia e influenciou sua vida como homem público. Servindo como membro do Parlamento e Diretor da Casa da Moeda Real, sua abordagem disciplinada se estendeu à administração eficaz e à contribuição para o desenvolvimento econômico do país.

A história de Isaac Newton é um testemunho da disciplina como uma força que abre portas para o entendimento e transforma o mundo. Sua capacidade de mergulhar nas complexidades do universo, questionar incessantemente e perseverar diante de desafios é uma inspiração atemporal para todos aqueles que buscam desvendar os segredos da vida. A disciplina de Newton iluminou as mentes de sua época e continua a brilhar como uma estrela-guia para aqueles que buscam a verdade nos confins do conhecimento.

Niccolò Paganini: A Disciplina que Elevou a Música às Alturas

No palco da história da música, poucos virtuosos brilham tão intensamente quanto Niccolò Paganini, um violinista e compositor italiano cuja habilidade notável e disciplina férrea o elevaram a patamares antes inimagináveis.

Nascido em 1782, em Gênova, Paganini começou a tocar violino aos sete anos. Seu talento extraordinário rapidamente se destacou, mas foi sua disciplina incansável que o impulsionou para a maestria. Ao longo dos anos, ele se dedicou a aprimorar suas habilidades de maneiras que desafiavam os limites convencionais.

A disciplina de Paganini era evidente em sua rotina diária de prática exaustiva. Ele era conhecido por dedicar horas intermináveis ao seu instrumento, buscando a perfeição em cada nota. Sua abordagem metódica e comprometimento com o domínio técnico o transformaram em um virtuoso sem precedentes.

Ao longo de sua carreira, Paganini desafiou as convenções da música clássica, introduzindo novas técnicas e explorando os limites do que era considerado possível no violino. Sua composição mais famosa, as "24 Caprichos para Violino Solo", é uma obra-prima que reflete sua destreza técnica e sua inovação e dedicação à arte.

A disciplina de Paganini não se limitava ao domínio do violino. Ele enfrentou desafios pessoais, incluindo problemas de saúde, com resiliência e determinação. Sua paixão pela música era tão intensa que, em seu leito de morte, ele recusou os rituais religiosos tradicionais, optando por improvisar em seu amado violino até seus últimos momentos.

O legado de Niccolò Paganini transcende seu tempo, inspirando gerações de músicos a alcançar a grandeza através da disciplina. Sua história é um lembrete poderoso de que, por trás de cada melodia deslumbrante e execução magistral, existe uma jornada de trabalho árduo, dedicação e uma disciplina que transforma sonhos em realidade. Paganini, com seu violino mágico, continua a ecoar pelos corredores da história musical como um testemunho atemporal do impacto positivo da disciplina na busca da excelência.

Steffi Graf: Uma Raquete Disciplinada no Caminho da Grandeza

Nas quadras do tênis mundial, poucas figuras brilham tão intensamente quanto Steffi Graf, uma das maiores tenistas da história. Sua jornada rumo à grandeza não foi apenas marcada pelo talento natural, mas, mais significativamente, pela disciplina incansável que a guiou a inúmeras conquistas.

Nascida em 1969, na Alemanha, Graf começou a jogar tênis aos quatro anos. Desde cedo, seu talento excepcional foi evidente, mas o que verdadeiramente a destacou foi sua determinação inabalável em aprimorar suas habilidades. Graf era conhecida por sua ética de trabalho incansável, muitas vezes treinando por horas a fio para aprimorar cada aspecto de seu jogo.

A disciplina de Steffi Graf não se limitava ao treinamento físico; ela abraçou uma abordagem holística para sua carreira. Seu comprometimento com a preparação mental era tão vital quanto sua destreza física. Graf desenvolveu estratégias mentais sólidas, mantendo o foco e a calma mesmo nas situações mais desafiadoras.

Ao longo da década de 1980 e 1990, Steffi Graf conquistou 22 títulos de Grand Slam, incluindo um feito impressionante ao conquistar o "Golden Slam" em 1988, vencendo todos os quatro torneios do Grand Slam e a medalha de ouro olímpica no mesmo ano. Essa conquista extraordinária reflete seu talento, mas principalmente sua disciplina inabalável.

A disciplina de Graf não se esgotava nas quadras; ela estendia sua influência para causas sociais e comunitárias. Seu compromisso com a excelência e integridade a transformou em um ícone do esporte e da resiliência e ética de trabalho.

Steffi Graf deixou um legado duradouro, inspirando gerações futuras de tenistas a buscarem a grandeza através da disciplina e do comprometimento. Sua história ressoa como um lembrete poderoso de que, além do brilho dos troféus, está o esforço incansável e a disciplina que moldam verdadeiros campeões.

À medida que nos despedimos desta jornada por estudos de caso inspiradores, nos caminhos marcados pela disciplina, é difícil não contemplar o poder transformador que emana dessas histórias. Cada protagonista, desde Bruce Lee até Steffi Graf, teceu uma narrativa única de determinação, superação e, acima de tudo, disciplina.

Ao observarmos esses ícones em suas respectivas áreas, não podemos deixar de perceber um denominador comum - a capacidade de moldar destinos por meio da disciplina. Bruce Lee, com seus golpes precisos, Cristiano Ronaldo, com sua busca incessante pela perfeição, Soichiro Honda, com sua visão automotiva, Tony Hawk, desafiando a gravidade sobre o skate, Isaac Newton, decifrando os mistérios da física, Niccolò Paganini explorando as fronteiras musicais e Steffi Graf conquistando as quadras todos personificam a força da disciplina.

Essas figuras não são apenas exemplos distantes; são faróis que iluminam o potencial que todos nós carregamos. Suas histórias são relatos de sucesso e narrativas de resiliência diante dos desafios, persistência nos momentos adversos e, acima de tudo, a constância da disciplina em suas vidas.

Ao absorvermos esses estudos de caso inspiradores, somos convidados a refletir sobre nossas próprias jornadas. A disciplina, como testemunhamos, não é um privilégio reservado a poucos, mas uma ferramenta acessível a todos. Ela não exige um palco global, um campo esportivo ou uma sala de concerto; ela pode florescer em nossas vidas cotidianas, moldando nossos destinos com cada escolha disciplinada.

Então, caro leitor, permita-se ser inspirado por essas narrativas de coragem, dedicação e disciplina. Visualize como, em cada passo consistente, você pode esculpir um caminho que conduza ao sucesso e a uma vida plena de realizações e significado. Lembre-se, das palavras de Dale Carnegie, que diziam "o sucesso é conseguir o que você quer, felicidade é gostar do que você conseguiu". Que a disciplina seja a luz que guia seu caminho rumo a essas conquistas duradouras.

Capítulo 6

Equilíbrio e Flexibilidade

À medida que adentramos o capítulo sobre Equilíbrio e Flexibilidade, penetramos nos corredores da vida onde a arte de manter o equilíbrio e a maleabilidade revela-se como um tesouro precioso. Em um mundo incessantemente dinâmico, onde as marés da mudança fluem sem cessar, encontrar o ponto de equilíbrio e permitir-se fluir com as vicissitudes da vida torna-se uma proeza que transcende o mero sucesso momentâneo.

Neste capítulo, nos debruçaremos sobre a importância vital de cultivar a estabilidade que o equilíbrio proporciona e também a flexibilidade que permite dançar nas marés tumultuadas da existência. Assim como os ramos de uma árvore resistem à tempestade ao se curvar, a vida nos pede uma resposta adaptável, uma dança graciosa com as mudanças inevitáveis.

Entenderemos como equilibrar demandas diversas sem perder o norte e como a flexibilidade nos capacita a transformar desafios em oportunidades. É nesta busca pela harmonia entre a firmeza do equilíbrio e a fluidez da flexibilidade que encontramos as chaves para uma vida plena e resiliente.

Acompanhe-nos nesta exploração, e permita que essas palavras sirvam como guias em sua própria busca por equilíbrio e flexibilidade, não somente como conceitos abstratos, mas fundamentalmente como pilares sólidos que sustentam a jornada da existência.

No palco complexo da vida, onde os atos se desdobram incessantemente, a dualidade entre disciplina e flexibilidade emerge como uma sinfonia harmônica. O equilíbrio, como o maestro dessa orquestra, regula a intensidade das notas, enquanto a flexibilidade, qual bailarina gráciosa, se adapta aos ritmos inesperados da melodia da existência.

No entrelaçamento destes dois elementos reside a essência de uma vida equilibrada. A disciplina, com sua firmeza estrutural, estabelece a base sólida sobre a qual construímos nossas aspirações e perseguimos nossos objetivos.

Contudo, a verdadeira maestria surge quando reconhecemos a necessidade da flexibilidade, a capacidade de dançar ao ritmo das mudanças. A vida, por sua natureza volúvel, não segue partituras previsíveis, e é nesse momento que a flexibilidade se torna a aliada indispensável. Adaptar-se às circunstâncias, como parte intrínseca do processo disciplinar, não é uma fraqueza, mas sim uma demonstração de sabedoria e resiliência.

Imagine a rigidez de uma árvore em uma tempestade, incapaz de se curvar diante dos ventos implacáveis. Assim como ela, nossa jornada requer a maleabilidade para enfrentar os desafios inesperados. O equilíbrio se manifesta na capacidade de permanecer firmes e na habilidade de se ajustar sem perder a integridade.

Em meio à busca por objetivos, encontramos encruzilhadas e mudanças inesperadas. Em vez de resistir ferozmente, aprendemos a adaptar nossas estratégias. A flexibilidade não enfraquece a disciplina, mas aprimora sua eficácia. Ao reconhecer a necessidade de ajustes, criamos uma dança fluida entre a firmeza da disciplina e a maleabilidade da flexibilidade.

Assim, neste capítulo, exploraremos a simbiose entre disciplina e flexibilidade, destacando como a capacidade de se adaptar é mais do que uma concessão momentânea, sendo uma peça fundamental no quebra-cabeça da realização pessoal. Aprenderemos que equilibrar esses dois elementos é uma escolha sábia e sobretudo uma habilidade essencial na busca por uma vida plena e bem-sucedida. Acompanhe-nos nesta jornada, onde descobrimos que, ao equilibrar a disciplina e a flexibilidade, tornamo-nos mestres da arte de viver.

Embora a disciplina seja muitas vezes celebrada como uma aliada essencial no caminho para o sucesso e a realização pessoal, é vital reconhecer que, como qualquer elemento na vida, sua exacerbação pode se transformar em um veneno sutil, infiltrando-se nos diferentes aspectos de nossa existência. Assim como uma dose excessiva de remédio pode desencadear efeitos adversos, a disciplina em demasia pode criar um terreno fértil para malefícios que, se negligenciados, minam nossa qualidade de vida, relacionamentos e bem-estar emocional.

Imagine um jardim meticulosamente cultivado, onde cada planta é regada com precisão. A disciplina, nesse contexto, representa a irrigação controlada que nutre o crescimento saudável. No entanto, se a torneira permanecer aberta incessantemente, essa água que antes promovia o florescer se torna uma prejudicial. Da mesma forma, uma aplicação excessiva de disciplina pode sufocar a espontaneidade, a criatividade e a leveza que tornam a vida rica e significativa.

Quando a disciplina ultrapassa os limites da sensatez, ela se transforma em rigidez, privando-nos da capacidade de se adaptar às nuances do cotidiano. A busca incessante pela perfeição pode criar um ambiente de pressão constante, corroendo a autoestima e gerando ansiedade. Relacionamentos, ao invés de florescerem, podem murchar diante da inflexibilidade, tornando-se vítimas da busca implacável por padrões inatingíveis.

No âmbito profissional, a disciplina exacerbada pode se manifestar como um perfeccionismo paralisante, onde a busca incessante por metas inatingíveis resulta em burnout e descontentamento. Em vez de impulsionar o sucesso, essa busca frenética por excelência pode levar a uma espiral descendente de estresse e exaustão.

A introspecção também revela que, em alguns casos, a disciplina exacerbada é uma máscara para o medo do desconhecido, um mecanismo de controle que, paradoxalmente, nos aprisiona em uma bolha de limitações autoimpostas.

Portanto, é crucial reconhecer que a disciplina, quando mal administrada, pode transformar-se em uma força destrutiva. Assim como a medida certa de medicamento traz alívio, a disciplina equilibrada é aquela que proporciona crescimento sem sufocar a vitalidade. Encontrar o ponto de equilíbrio é uma arte, onde a moderação se torna a chave mestra para desfrutar dos benefícios da disciplina sem cair nas armadilhas de seus excessos. Em nosso caminho em busca de uma vida plena, a sabedoria reside na compreensão de que, enquanto a disciplina é uma ferramenta poderosa, usá-la com discernimento é a verdadeira marca de maestria.

Em nossa jornada, somos constantemente desafiados a encontrar o equilíbrio delicado entre ser rígidos como o carvalho e flexíveis como o salgueiro. Essa dualidade é como uma dança na qual cada passo requer a sincronização harmoniosa dessas duas qualidades aparentemente opostas.

Imagine o carvalho, com sua estrutura robusta e raízes profundas. Ele é símbolo de força e resistência diante das intempéries. Assim como o carvalho, há momentos em que precisamos ser firmes em nossas convicções, manter nossos princípios e resistir aos ventos da adversidade. Ser rígido, nesse contexto, representa a base sólida que nos impede de sermos levados pela correnteza das circunstâncias.

No entanto, enquanto o carvalho permanece forte contra as tempestades, o salgueiro dança suavemente ao sabor do vento. A flexibilidade do salgueiro é sua graça, permitindo que se adapte sem quebrar sob pressão. Da mesma forma, em determinados momentos da vida, a capacidade de ser flexível é um ativo valioso. Enfrentar mudanças inesperadas, adaptar-se a novas circunstâncias e abrir-se para possibilidades não previstas são desafios que demandam a leveza do salgueiro.

A verdadeira maestria reside na habilidade de transitar entre esses extremos, reconhecendo que há momentos para ser o carvalho robusto e outros para ser o salgueiro flexível. Uma árvore que é excessivamente rígida pode quebrar sob a pressão dos ventos mais fortes, enquanto aquela que é excessivamente flexível pode perder sua integridade estrutural.

O equilíbrio, então, torna-se o ponto de convergência dessas características aparentemente contraditórias. É a capacidade de permanecer firme quando necessário, mas também de dobrar sem quebrar quando a situação pede. Encontrar esse equilíbrio não é apenas uma prática de autenticidade, mas também uma demonstração de sabedoria e inteligência emocional.

Ao cultivar esse equilíbrio, tornamos nossa jornada pela vida mais leve, mais fluida e mais adaptável. Assumimos o papel de navegadores habilidosos em um oceano de desafios, ajustando nossas velas conforme a direção do vento. Dessa forma, somos capazes de abraçar a complexidade da existência, navegando entre a firmeza e a flexibilidade com a graciosidade de uma dança que se move com os ritmos da vida.

Em meio à frenética dança da vida, a flexibilidade emerge como a artífice dos momentos de descanso, dos instantes de ócio contemplativo que se entrelaçam com a essência da existência. É nos braços da flexibilidade que encontramos a beleza singular de dedicar tempo à família, àqueles que amamos, e de nos permitir a pausa revigorante que a alma tanto almeja.

Na sociedade contemporânea, muitas vezes somos impulsionados por uma busca incessante por produtividade e conquistas, deixando pouco espaço para o deleite de simplesmente estar. No entanto, é nos momentos de flexibilidade que descobrimos a arte do não fazer, a capacidade de desfrutar o presente sem a urgência de estar sempre no próximo passo.

O ócio contemplativo, muitas vezes desvalorizado em uma cultura que enaltece a ocupação constante, torna-se um oásis de serenidade quando abraçamos a flexibilidade. Permite-nos apreciar o pôr do sol sem pressa, perder-nos nas páginas de um livro sem a sombra do relógio, ou simplesmente absorver a beleza efêmera do momento presente. É nesse estado de flexibilidade que a vida revela suas nuances mais ricas, suas cores mais vibrantes.

Dedicar tempo à família, entes queridos e amigos torna-se um tesouro precioso quando permitimos que a flexibilidade guie nossas interações. Não é apenas sobre estar presente fisicamente, mas cultivar a habilidade de se doar emocionalmente, de se adaptar às necessidades e ritmos dos relacionamentos. A flexibilidade se manifesta na aceitação, na escuta atenta, na compreensão e na capacidade de se ajustar às diferentes dinâmicas familiares.

Além disso, nos momentos de flexibilidade, reconhecemos que o verdadeiro luxo muitas vezes reside na simplicidade das conexões humanas. Seja compartilhando uma refeição tranquila com a família, rindo com amigos em uma tarde ensolarada ou simplesmente desfrutando do silêncio reconfortante ao lado de quem amamos, a flexibilidade nos permite despir-nos das amarras do calendário e vivenciar a plenitude do presente.

Assim, em um mundo que muitas vezes nos exige rigidez e constante movimento, a flexibilidade se revela como a arte de desacelerar, de saborear a jornada e de nutrir as relações humanas. É nos intervalos de flexibilidade que encontramos os preciosos momentos de descanso, a serenidade do ócio contemplativo e a beleza que permeia a dedicada atenção aos laços familiares e afetivos.

Capítulo 7

Autoconhecimento e Autodisciplina

Ao adentrarmos no intrigante território do capítulo 7, somos guiados pelas sendas do autoconhecimento e autodisciplina, um intricado e fascinante caminho que nos conduz ao âmago de nossa própria essência. É nessa jornada interior que descobrimos os segredos que moldam nossa verdadeira natureza, e como a autodisciplina emerge como a chave mestra para desvendar potenciais inexplorados.

O autoconhecimento, farol que ilumina as profundezas do ser, é o ponto de partida dessa odisseia interior. Conhecer a si mesmo não é apenas um exercício intelectual, mas uma jornada emocional, espiritual e psicológica que nos conecta às raízes de nossas motivações, crenças e aspirações. É através desse mergulho profundo que identificamos padrões comportamentais, compreendemos nossos impulsos e delineamos os contornos da verdadeira autenticidade.

Ao alinhar o autoconhecimento com a autodisciplina, desvendamos um poder transformador. A autodisciplina não é uma restrição arbitrária, mas uma escolha consciente, fundamentada no entendimento claro de nossos objetivos, valores e propósitos. É o fio de Ariadne que nos conduz pelos labirintos da autenticidade, permitindo-nos transcender hábitos prejudiciais e construir uma versão aprimorada de nós mesmos.

A autodisciplina, quando cultivada em conjunto com o autoconhecimento, torna-se uma bússola confiável que nos guia na navegação das tormentas da vida. Ela nos desafia a confrontar nossas fraquezas e nos capacita a superá-las com resiliência e determinação. Ao compreender nossos limites e reconhecer áreas de melhoria, a autodisciplina se torna a aliada na busca incessante pelo crescimento pessoal.

Essa simbiose entre autoconhecimento e autodisciplina reverbera em todas as esferas da vida. Nos relacionamentos, permite-nos compreender nossas próprias necessidades e limitações, promovendo uma interação mais saudável e enriquecedora. Na busca por metas e realizações, orienta-nos na definição de objetivos alinhados com nossa verdadeira essência, afastando-nos das armadilhas da busca por aprovação externa.

Somos convidados a mergulhar nas profundezas do eu, a desvendar os segredos que residem em nosso âmago. Através do autoconhecimento e da autodisciplina, construímos as fundações sólidas para uma jornada de autenticidade, crescimento contínuo e realização pessoal.

Na vastidão complexa do nosso interior, a relação intrínseca entre autoconhecimento e autodisciplina emerge como uma sinfonia harmoniosa, onde cada nota, cuidadosamente tocada, contribui para a melodia da autenticidade e do crescimento pessoal.

O autoconhecimento serve como o guia inicial nessa jornada, uma luz que ilumina os recantos mais sombrios da nossa psique. É um processo profundo de introspecção, onde nos questionamos, desafiamos crenças arraigadas e nos confrontamos com as verdades que muitas vezes preferimos evitar. Conhecer a si mesmo é uma conquista intelectual e uma busca apaixonada pela compreensão emocional, espiritual e psicológica de quem somos.

Quando mergulhamos nas águas cristalinas do autoconhecimento, começamos a decifrar os códigos que moldam nossos comportamentos, a entender os impulsos que nos impulsionam e a identificar as raízes dos nossos medos e desejos mais profundos. Essa clareza interior não só nos permite aceitar quem somos, mas também nos capacita a reconhecer áreas que precisam de aprimoramento e evolução.

É nesse ponto que a autodisciplina se ergue como um farol seguro. Conhecer a si mesmo é o primeiro passo, mas a autodisciplina é a resposta prática a essa revelação. Ao entender nossas fraquezas e áreas de aprimoramento, a autodisciplina se torna a ferramenta pela qual moldamos conscientemente nossos hábitos, cultivamos a resiliência e dirigimos nossas ações em direção aos nossos objetivos.

A autodisciplina, nesse contexto, não é uma imposição rígida e arbitrária, mas um compromisso consciente com o nosso próprio bem-estar. É o equilíbrio entre dizer "sim" aos nossos objetivos e sonhos e dizer "não" a comportamentos autodestrutivos. É a arte de direcionar nossa energia de maneira focada, alinhada com nossos valores fundamentais.

Essa relação simbiótica entre autoconhecimento e autodisciplina reverbera em cada aspecto da nossa vida. Nos relacionamentos, o entendimento de quem somos nos permite estabelecer limites saudáveis, enquanto a autodisciplina nos ajuda a honrar esses limites. Na busca por metas e realizações, o autoconhecimento nos guia na definição de objetivos autênticos, e a autodisciplina nos sustenta durante a jornada.

Portanto, explorar a relação entre autoconhecimento e autodisciplina é embarcar em uma viagem reveladora, uma jornada que nos leva a uma compreensão mais profunda de nós mesmos e nos capacita a forjar um caminho disciplinado em direção à realização e autenticidade. Nesse casamento sagrado, encontramos a base sólida para a construção de uma vida significativa e plena.

Conhecer a si mesmo é a bússola que guia a eficácia dos hábitos disciplinares, um mapa interno que revela os terrenos mais propícios para o crescimento pessoal. Nessa jornada de autodescoberta, os meandros do nosso ser se revelam, proporcionando uma visão clara das forças que impulsionam e das fraquezas que desafiam.

Ao entender a si mesmo, mergulhamos nas camadas profundas da nossa psique, explorando nossas motivações mais íntimas e nossos padrões comportamentais. Esse conhecimento não é apenas uma contemplação passiva; é a matéria-prima com a qual construímos a estrutura disciplinar que sustentará nossos hábitos.

A conscientização das nossas preferências naturais, ritmos circadianos e picos de energia ao longo do dia nos permite sincronizar nossas atividades mais desafiadoras com momentos de máxima vitalidade. Se somos mais produtivos pela manhã, a disciplina nos aconselha a concentrar nossos esforços nas primeiras horas do dia. Se a criatividade floresce à noite, a autodisciplina nos incentiva a reservar esse período para atividades mais criativas.

Entender a si mesmo também significa reconhecer os desafios específicos que podem sabotar nossos esforços disciplinares. Se somos propensos à procrastinação, a autodisciplina nos orienta a estabelecer estratégias para combater esse hábito, seja dividindo tarefas complexas em partes menores ou estabelecendo prazos rígidos.

Além disso, a conscientização do nosso sistema de recompensa pessoal é vital. Compreender quais tipos de recompensas ressoam conosco nos permite incorporar elementos positivos nos hábitos que buscamos desenvolver. Se valorizamos o reconhecimento social, compartilhar nossas metas com amigos pode ser uma fonte eficaz de motivação.

O autoconhecimento também revela as áreas nas quais somos mais suscetíveis ao estresse, desânimo ou autossabotagem. Armados com essa percepção, podemos antecipar esses momentos críticos e fortalecer nossa autodisciplina para resistir a esses desafios.

Em suma, o entendimento de si mesmo é o terreno fértil no qual semeamos os hábitos disciplinares mais eficazes. É a luz que dissipa as sombras da incerteza, permitindo-nos esculpir hábitos que se alinham com nossos objetivos e respeitam nossa natureza única. Portanto, quanto mais nos aprofundamos na compreensão de quem somos, mais sólida se torna a fundação para uma disciplina duradoura e transformadora.

Ferramentas e Recursos

No vasto arsenal para fortalecer a disciplina, encontramos ferramentas e recursos valiosos que, quando habilmente empregados, potencializam nossos esforços na busca por uma vida mais disciplinada. Essas ferramentas, muitas vezes disponíveis ao alcance de um livro ou técnica específica, podem servir como guias confiáveis para moldar hábitos duradouros.

1. Livros Inspiradores: Mergulhar em livros que exploram o poder da disciplina pode ser uma fonte de inspiração e conhecimento. "O Poder do Hábito", de Charles Duhigg, desvenda os mecanismos por trás da formação de hábitos, proporcionando insights práticos. Já "O Milagre da Manhã", de Hal Elrod, apresenta uma abordagem matinal transformadora para iniciar o dia com propósito.

2. Aplicativos de Gestão do Tempo: Aplicativos ajudam na gestão eficaz do tempo, auxiliando na organização de tarefas e estabelecimento de prioridades. A visualização clara e a facilidade de monitoramento promovem a accountability, um aliado essencial na jornada disciplinar.

3. Técnicas de Mindfulness e Meditação: A prática regular de atenção plena e meditação fortalece a disciplina mental, proporcionando foco e clareza. Aplicativos podem oferecer guias para iniciantes e avançados, proporcionando uma jornada serena para fortalecer a autodisciplina.

4. Métodos de Planejamento: O uso de métodos específicos de planejamento, como o Bullet Journal ou a técnica Pomodoro, pode otimizar a produtividade. O Bullet Journal, com seu sistema analógico de organização, e a técnica Pomodoro, que divide o tempo em períodos focados seguidos de pequenos intervalos, são ferramentas valiosas.

5. Compartilhamento de Metas: Compartilhar metas com amigos, familiares ou colegas cria uma rede de apoio que mantém a motivação elevada. Plataformas online, como grupos em redes sociais ou mesmo aplicativos específicos de acompanhamento de metas, fornecem uma comunidade virtual para troca de experiências e incentivo mútuo.

6. Treinamentos e Cursos Online: Participar de cursos online ou workshops sobre disciplina e autodesenvolvimento oferece uma imersão prática. Plataformas como Coursera, Udemy e Khan Academy oferecem uma variedade de cursos ministrados por especialistas em diversas áreas, proporcionando aprendizado contínuo.

7. Mentoria: Buscar a orientação de um mentor pode fornecer insights personalizados e direcionamento prático. A interação regular com alguém que já percorreu o caminho da disciplina pode acelerar o desenvolvimento de hábitos sólidos.

8. Grupos de Apoio Local: Participar de grupos de apoio locais, onde pessoas compartilham seus desafios e sucessos, é uma oportunidade valiosa para construir conexões e obter apoio presencial. Esses grupos proporcionam um ambiente enriquecedor para fortalecer a disciplina.

Em última análise, as ferramentas e recursos apresentados são como chaves que desbloqueiam portas para o potencial disciplinado de cada indivíduo. Experimentar e integrar aquelas que melhor se alinham às necessidades pessoais é um passo crucial para fortalecer a disciplina e construir hábitos duradouros.

Exercícios Práticos

Ao longo desta jornada em busca de uma vida mais disciplinada, é imperativo que não apenas absorvamos teorias, mas que também nos engajemos em exercícios práticos que solidifiquem os conceitos discutidos e nos levem a experiências tangíveis de autodisciplina. Esses exercícios, cuidadosamente integrados, são como os degraus que transformam a escadaria do conhecimento em ação efetiva.

1. Reflexão Diária: Inicie cada dia com uma breve reflexão sobre suas metas e prioridades. Anote em um diário os obstáculos enfrentados e as estratégias utilizadas para superá-los. Esse simples exercício desenvolve a consciência disciplinar.

2. Estabelecimento de Metas SMART: Aplique o método SMART (Específico, Mensurável, Atingível, Relevante, Temporal) ao definir suas metas. Esse exercício prático clareia seus objetivos e cria uma estrutura sólida para a ação disciplinada.

3. Mapa de Rotinas: Desenvolva um mapa visual das suas rotinas diárias e semanais. Identifique áreas para incorporar hábitos disciplinares e estabeleça metas pequenas e alcançáveis. Visualizar suas rotinas ajuda a identificar oportunidades para fortalecer a disciplina.

4. Semana de Desafios Progressivos: Ao longo de uma semana, selecione um hábito específico para aprimorar. Comece com uma versão pequena e progressivamente aumente a dificuldade. Isso desenvolve a habilidade de enfrentar desafios com uma abordagem gradual.

5. Carta ao Futuro Eu: Escreva uma carta para seu eu futuro, delineando suas aspirações, metas e desejos. Leia essa carta periodicamente para manter a motivação e alinhar suas ações com seus objetivos disciplinares.

6. Análise de Prioridades: Crie uma lista de tarefas diárias ou semanais, classificando-as de acordo com sua importância e urgência. Este exercício de análise de prioridades desenvolve a habilidade de concentrar esforços nas tarefas mais significativas.

7. Jornada Sem Redes Sociais: Desconecte-se das redes sociais por um dia ou mais. Utilize esse tempo para focar em atividades mais produtivas. Essa pausa consciente proporciona uma compreensão mais profunda do impacto do uso disciplinado do tempo.

8. Semana de Gratidão: Mantenha um diário de gratidão por uma semana. Registre diariamente as coisas pelas quais você é grato. Este exercício promove uma mentalidade positiva e fortalece a resiliência disciplinar.

9. Dia de Desconexão Digital: Escolha um dia para se desconectar completamente do mundo digital. Isso não só proporciona um descanso mental, mas também destaca a importância de estabelecer limites disciplinados em relação à tecnologia.

10. Projeto de Aprendizado Contínuo: Comprometa-se a aprender algo novo ao longo de um mês. Pode ser um idioma, uma habilidade técnica ou qualquer outro interesse. Esse projeto de aprendizado contínuo alimenta a curiosidade e promove a autodisciplina.

Esses exercícios práticos são uma extensão do conhecimento adquirido e uma aplicação real dos princípios da disciplina. Ao se envolver ativamente nesses exercícios, os leitores terão a oportunidade de transformar a teoria em hábitos tangíveis, abrindo as portas para uma vida mais disciplinada e gratificante.

Ao chegar ao final desta jornada em busca de disciplina, é vital reconhecer que a disciplina não é uma linha de chegada, mas sim uma trilha contínua que percorremos ao longo de nossas vidas. A conclusão deste livro não marca o fim do caminho, mas sim o início de uma jornada disciplinada que se desdobra diante de você.

Durante estas páginas, exploramos as várias facetas da disciplina, desde sua influência na realização de metas até seu papel na construção de relacionamentos e no enfrentamento dos desafios da vida. A disciplina, descobrimos, não é uma restrição, mas uma aliada poderosa na criação de uma vida significativa e gratificante.

Ao encerrar este livro, convido você a considerar a disciplina não como uma obrigação, mas como um estilo de vida que amplia suas capacidades, melhora suas interações e transforma suas aspirações em conquistas tangíveis. A disciplina é o meio pelo qual moldamos o nosso destino.

Reflexão Final

Como última reflexão, lanço um desafio: escolha uma área da sua vida onde a disciplina pode fazer uma diferença significativa. Pode ser o estabelecimento de uma nova rotina matinal, o compromisso com uma meta específica ou a melhoria de relacionamentos importantes. Selecione algo que ressoe com você e que o leve a experimentar diretamente os benefícios da disciplina.

Seja claro e específico sobre a mudança que deseja fazer. Defina metas alcançáveis e elabore um plano de ação realista. Lembre-se, a disciplina prospera quando é incorporada gradualmente, sem sobrecarga.

Ao longo dessa implementação, celebre cada passo alcançado. Reconheça e valorize seus esforços, por menores que sejam. A celebração é um componente crucial da disciplina, reforçando a conexão positiva com seus objetivos.

Ao aceitar este desafio, você não apenas experimentará mudanças tangíveis em sua vida, mas também se comprometerá com uma jornada disciplinada contínua. Lembre-se, pequenas mudanças consistentes levam a transformações extraordinárias.

Neste momento, você está diante da oportunidade de iniciar uma nova fase, guiado pela disciplina. Que esta conclusão não seja um ponto final, mas sim um ponto de partida para uma vida disciplinada e plena. Que a disciplina seja sua aliada constante, impulsionando-o em direção a uma jornada significativa e recompensadora.

Refletir sobre esta jornada na disciplina é como contemplar a ascensão do sol sobre um horizonte repleto de promessas e oportunidades. Durante cada página, mergulhamos nas profundezas da autodisciplina, explorando suas ramificações nos recantos mais íntimos da existência humana. Descobrimos que a disciplina é mais do que uma mera prática; é uma filosofia que tece sua trama em todas as áreas da vida, desde as mais simples até as mais complexas.

Ao longo deste percurso, desvendamos a disciplina como uma alavanca poderosa para realizar metas. Vimos como ela transforma sonhos em realidade, proporcionando a estrutura necessária para enfrentar os desafios que permeiam nossa jornada. Mas, mais do que isso, a disciplina emerge como um farol que guia nossas escolhas diárias, um farol cuja luz se reflete nas águas calmas da realização pessoal.

Encontramos na disciplina não um jugo pesado, mas sim uma parceira confiável que nos capacita a transcender os altos e baixos da vida. Nos momentos de turbulência, ela é o fio condutor que nos mantém equilibrados e resilientes. Descobrimos que é na disciplina que encontramos a força para transformar desafios em oportunidades, desenvolvendo uma resiliência que não se abala diante das tempestades.

A disciplina, ao ser incorporada como um estilo de vida, reverbera em nossos relacionamentos. Ela se torna a cola que une os vínculos, pois a consistência de nossas ações ecoa em nossas interações diárias. A empatia e a compreensão, pilares fundamentais em qualquer relacionamento significativo, florescem quando fundamentadas na disciplina mútua.

Neste itinerário, descortinamos a disciplina como uma aliada inestimável na busca da paz interior e do contentamento. Aqueles que abraçam uma vida disciplinada descobrem, nos recantos mais profundos da alma, uma serenidade duradoura. Encontram uma satisfação que transcende as circunstâncias externas, uma fonte de felicidade que brota do alinhamento com seus valores e propósitos.

A criação de rotinas disciplinares, estruturas sólidas que guiam nossas ações diárias, revelou-se como a espinha dorsal de hábitos consistentes. A definição de metas realistas, que mantêm os hábitos disciplinares em foco, mostrou-se um caminho tangível para a realização. A habilidade de estabelecer prioridades, direcionando nossos esforços para as áreas mais cruciais, destacou-se como uma prática fundamental na busca pela disciplina.

Descobrimos que o desenvolvimento de hábitos disciplinares é um processo gradual, onde o início lento e consistente é a chave. Em meio às mudanças dinâmicas da vida, compreendemos que a flexibilidade é essencial. Ajustar conscientemente rotinas e metas, adaptando-se às circunstâncias, torna-se uma arte na jornada disciplinada.

Aprofundando nossa compreensão, percebemos que o autoconhecimento é uma pedra angular. A disciplina se torna uma jornada de aprendizado contínuo, uma oportunidade de entender nossas nuances e ajustar nossos métodos de acordo. Buscar apoio e responsabilidade, compartilhando nossos objetivos com outros, fortalece o comprometimento e oferece uma rede de suporte na caminhada.

Mas, assim como a disciplina é uma luz a guiar, enfrentamos desafios comuns nesta jornada. A procrastinação, esse dragão que adia conquistas, exige coragem para enfrentar. A falta de motivação, uma névoa que ofusca o horizonte, precisa ser dissipada com estratégias que reacendam a chama do propósito. A resistência à mudança, como um vento contrário, demanda uma mentalidade flexível que compreenda a impermanência da vida.

Ao trilhar os caminhos da falta de foco, da autoexigência excessiva, da falta de planejamento e da sobrecarga de compromissos, aprendemos a navegar com a tempestade, equilibrando-nos nas ondas da vida. O medo do fracasso, a solidão do isolamento social, a terra sem sementes da falta de hábitos disciplinares, a armadilha da comparação com outros, e a tempestade do ambiente desfavorável, todos esses desafios foram enfrentados com a determinação de quem escolheu a disciplina como guia.

Em nossa exploração, encontramos inspiração em figuras emblemáticas como Bruce Lee, Cristiano Ronaldo, Soichiro Honda, Tony Hawk, Isaac Newton, Niccolò Paganini e Steffi Graf. Suas vidas testemunham como a disciplina, aplicada de maneiras diversas, pode levar a conquistas extraordinárias. Desde os campos de esporte até os palcos da ciência e da arte, suas histórias ecoam como cânticos de possibilidade.

Ao considerarmos o equilíbrio e a flexibilidade, entendemos que a disciplina não é uma camisa de força, mas sim um alicerce sólido. É como a firmeza do carvalho, robusto e resiliente, aliado à maleabilidade do salgueiro, capaz de se curvar diante das tempestades da vida. É a busca do equilíbrio que transforma nossa jornada em uma dança graciosamente sincronizada.

Examinando os malefícios do excesso de disciplina, compreendemos que, como a dose exagerada de remédio, ela pode tornar-se um veneno. A disciplina mal direcionada pode corroer nossa qualidade de vida, minar relacionamentos e obscurecer o brilho da existência. O equilíbrio é, portanto, não apenas desejável, mas imperativo para uma disciplina saudável.

Descortinamos a beleza do equilíbrio como a arte de ser rígido como o carvalho e flexível como o salgueiro. Em nossa jornada, descobrimos que a flexibilidade não é fraqueza, mas sim uma fonte de força. Ela nos proporciona momentos de descanso, nos convida ao ócio contemplativo e nos permite dedicar tempo àqueles que amamos.

Ao mergulharmos nas relações entre autoconhecimento e autodisciplina, compreendemos que entender a si mesmo é o alicerce sobre o qual construímos hábitos disciplinares mais eficazes. A consciência de nossos valores, forças e fraquezas se torna um farol orientador na jornada disciplinada.

Explorando as ferramentas e recursos, oferecemos ao leitor um arsenal prático para fortalecer sua disciplina. Livros inspiradores, técnicas específicas e recursos acessíveis tornam-se aliados na busca da autotransformação. Os exercícios práticos, entrelaçados ao longo deste livro, são convites à ação, convocando os leitores a aplicarem os conceitos e técnicas discutidos.

Neste ponto culminante, na conclusão e desafio, convido cada leitor a se tornar um arquiteto de sua jornada disciplinada. Este livro não é apenas um guia, mas um convite à ação. Ao desafiar os leitores a implementarem pelo menos uma mudança disciplinar em suas vidas, procuramos catalisar uma revolução positiva, uma revolução fundamentada na disciplina.

Assim, ao encerrar estas palavras, vislumbramos o amanhã com esperança renovada. Que cada leitor, ao abraçar a disciplina como companheira de jornada, descubra a magnitude do seu próprio potencial. Que esta reflexão final seja o prelúdio de muitos capítulos emocionantes, escritos com a tinta vibrante da disciplina. A jornada continua, e cada passo é uma oportunidade de evolução e autodescoberta. Que a disciplina seja sempre a bússola que aponta para a realização, alegria e uma vida plena de significado.